l'AI

Surréalisme

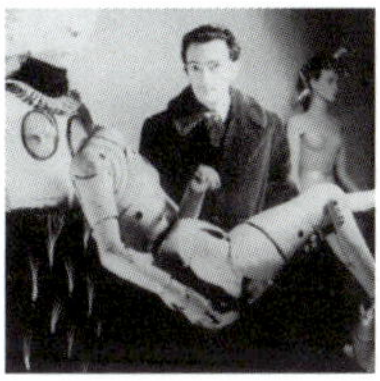

Pierre Chavot

À Jacques Baron
et Jacques Hérold

Flammarion

S O M M

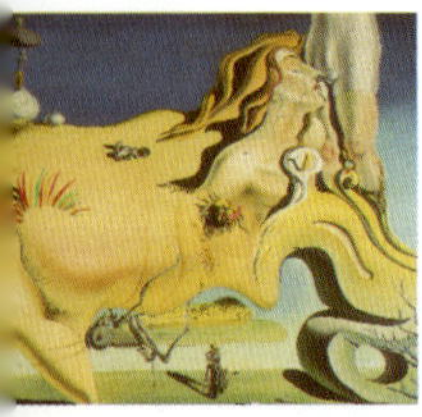

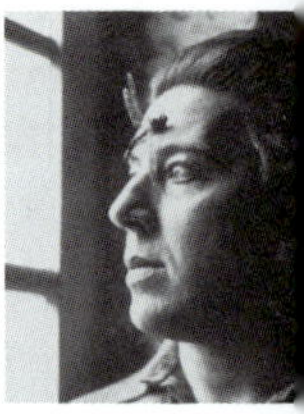

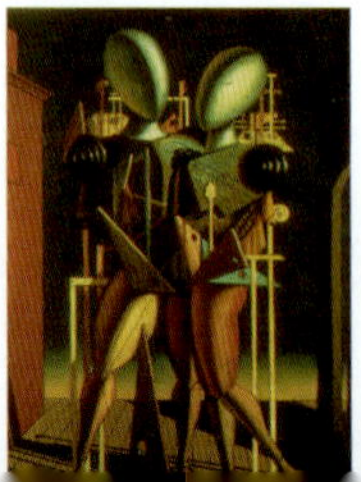

L'abécédaire

Il se compose des notices suivantes, classées par ordre alphabétique.
À chacune d'elles est associée une couleur qui indique sa nature :

Le monde surréaliste

Âge d'or (L')
Amour
Ancêtres
Art et surréalisme
Automatique, écriture
Cinéma
Dada, dadaïsme
Expositions surréalistes
Femmes
Grand Jeu
Jeux
Manifestes du surréalisme
Paris
Photographie
Politique
Rêve
Révolution, révolte
Revues surréalistes
Rues surréalistes
Sexualité

Les mots

Anthologies
Aragon (Louis)
Artaud (Antonin)
Breton (André)
Champs magnétiques (Les)
Char (René)
Crevel (René)
Desnos (Robert)
Éluard (Paul)
Gracq (Julien)
Leiris (Michel)
Naville (Pierre)
Péret (Benjamin)
Reverdy (Pierre)
Ribemont-Dessaignes (Georges)
Soupault (Philippe)
Théâtre
Tzara (Tristan)
Un cadavre
Vaché (Jacques)
Vitrac (Roger)

Les images

Arp (Hans)
Bellmer (Hans)
Brauner (Victor)
Buñuel (Luis)
Chirico (Giorgio De)
Dalí (Salvador)
Delvaux (Paul)
Domínguez (Oscar)
Duchamp (Marcel)
Ernst (Max)
Giacometti (Alberto)
Hérold (Jacques)
Klee (Paul)
Lam (Wifredo)
Magritte (René)
Masson (André)
Matta (Roberto)
Miró (Juan)
Picabia (Francis)
Ray (Man)
Tanguy (Yves)
Tanning (Dorothea)

Au fil de ces notices, et grâce aux renvois signalés par les astérisques, le lecteur voyage comme il lui plaît dans l'abécédaire.

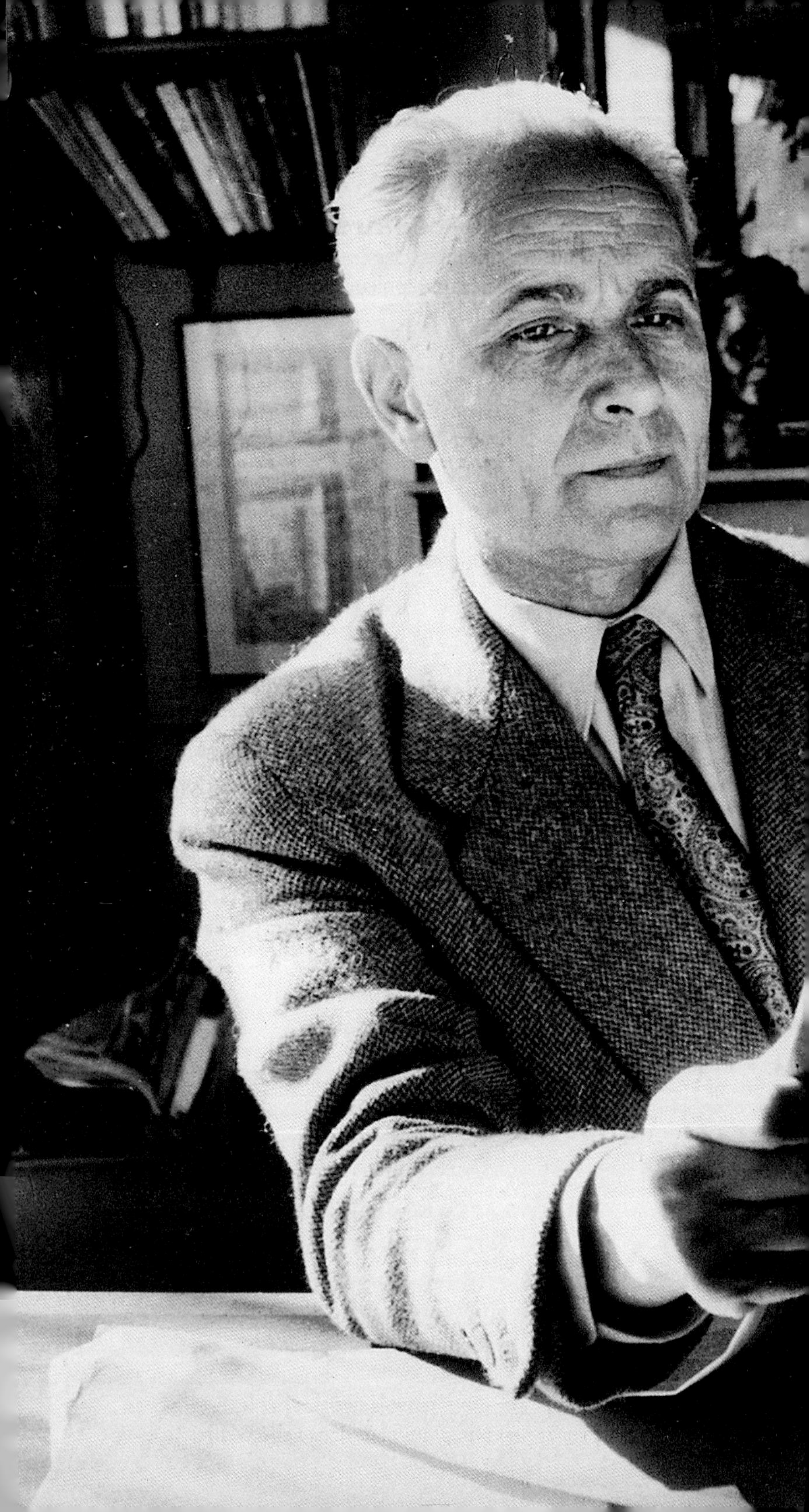

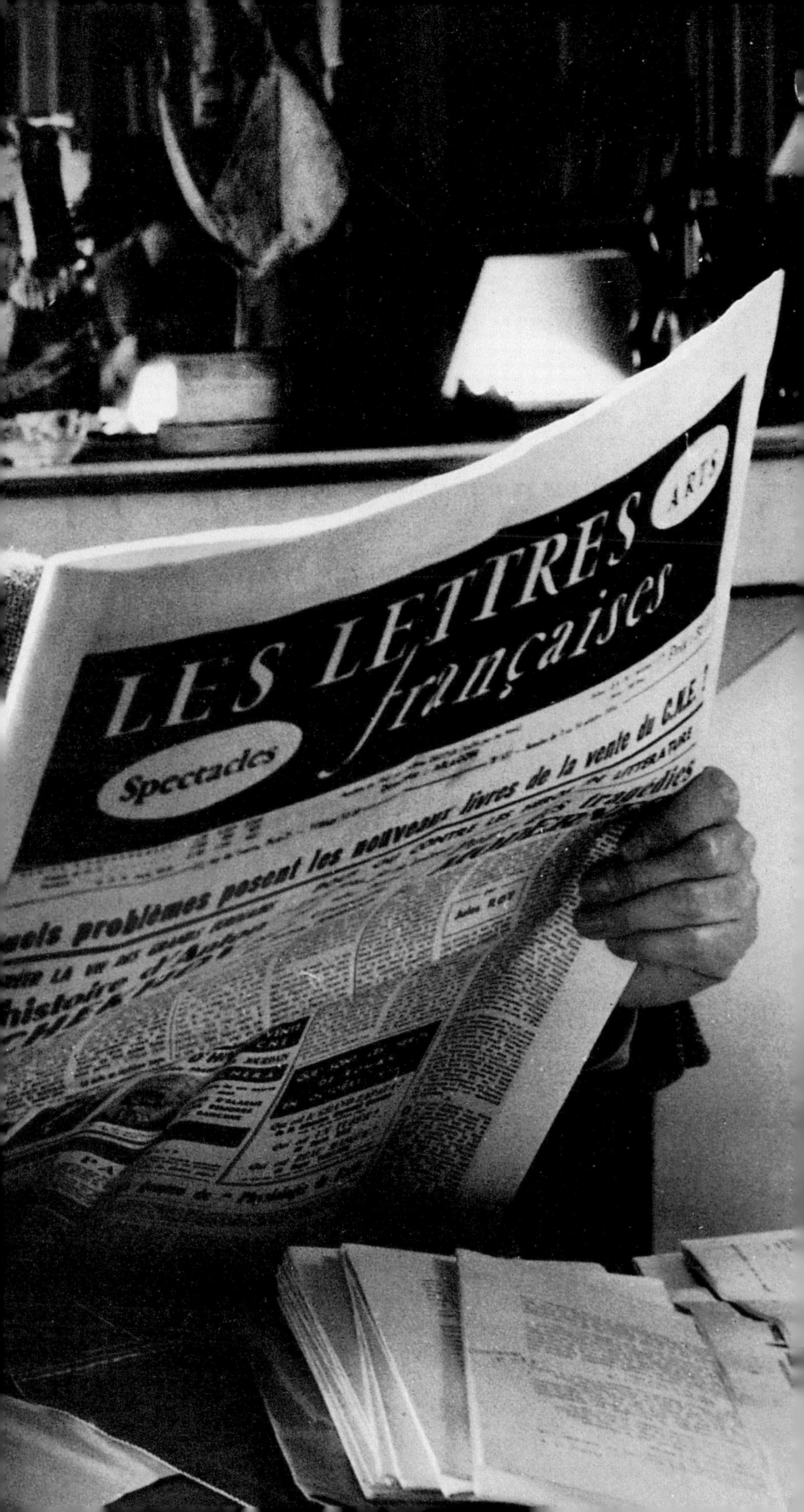
LES LETTRES françaises
ARTS
Spectacles

« Maintenant, je m'encrapule le plus possible. Pourquoi ? Je veux être poète, et je travaille à me rendre voyant : vous ne comprendrez pas du tout, et je ne saurais presque vous expliquer. Il s'agit d'arriver à l'inconnu par le dérèglement de tous les sens. Les souffrances sont énormes, mais il faut être fort, être né poète, et je me suis reconnu poète. Ce n'est pas du tout ma faute. C'est faux de dire : Je pense. On devrait dire on me pense. Pardon du jeu de mots.

JE est un autre. Tant pis pour le bois qui se trouve violon, et nargue aux inconscients, qui ergotent sur ce qu'ils ignorent tout à fait ! »

Arthur Rimbaud
Correspondance, à Georges Izambard, Charleville, mai 1871 (extrait)

LE SURRÉALISME RACONTÉ

Le mot « surréalisme » fait aujourd'hui partie du langage courant. Il illustre ce qui n'est pas ordinaire, ce qui échappe à toute réalité, ou ce qui dépasse l'entendement. Mais son sens s'est élargi, au point que nous en oublions son origine.

L'invention du mot surréalisme revient à Guillaume Apollinaire (1880-1918), poète attentif aux avant-gardes artistiques et bénéficiant d'une aura auprès de jeunes créateurs. André Breton*, jeune homme de vingt et un ans, assiste le 24 juin 1917 à la première d'une pièce, *Les Mamelles de Tirésias*, que l'auteur, Apollinaire, qu'il estime et avec lequel il correspond depuis deux ans, qualifie de « drame [action] surréaliste » pour montrer qu'un sujet sérieux (« un homme qui fait des enfants » car « on ne fait plus d'enfants en France parce qu'on n'y fait plus l'amour. ») peut être traité sur le mode de l'humour. Il ne s'agit pas d'imiter la réalité, mais de provoquer le rire en rompant avec la convention. Deux ans plus tard, Breton fonde avec deux amis, Louis Aragon* et Philippe Soupault*, une revue*, *Littérature,* que rejoint bientôt Paul Eluard*. L'équipe est séduite par un mouvement né en Suisse, le turbulent Dada*, pour lequel Breton écrit en 1920 un article dans la revue *NRF.* Il y reprend le mot surréalisme pour qualifier cette fois ce qui entoure la forme originale d'écriture automatique* qu'il explore avec ses compagnons. Ce groupe devient surréaliste à part entière et rompt avec les dadaïstes en 1922.

Reprenant le procédé des dictionnaires, Breton définit le surréalisme

Photo du groupe surréaliste, 1930.
En haut, de g. à dr. : P. Eluard, H. Arp, Y. Tanguy, R. Crevel.
En bas, de g. à dr. : T. Tzara, A. Breton, S. Dalí, M. Ernst, M. Ray.

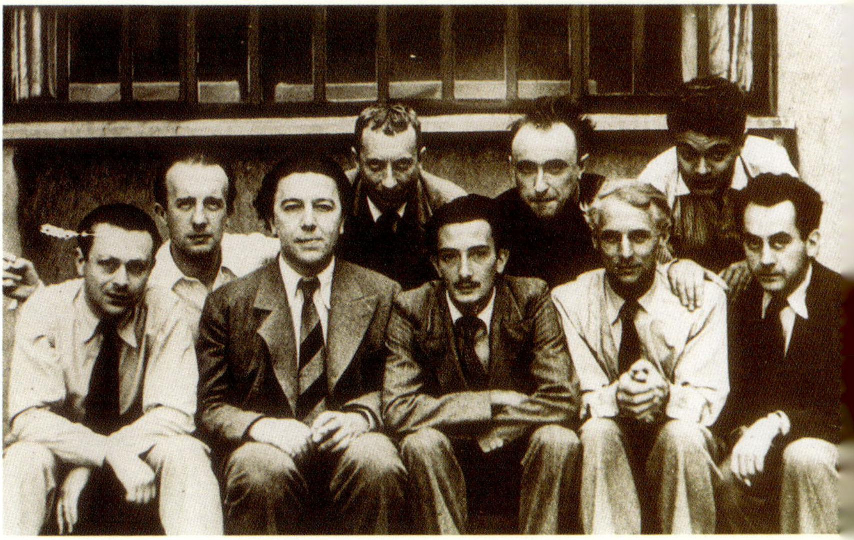

dans le premier *Manifeste du surréalisme** paru en octobre 1924. « En hommage à Guillaume Apollinaire, qui venait de mourir [...], Soupault* et moi nous désignâmes sous le nom de SURRÉALISME le nouveau mode d'expression pure que nous tenions à notre disposition et dont il nous tardait de faire bénéficier nos amis. [...]
SURRÉALISME, n. m. Automatisme psychique pur par lequel on se propose d'exprimer, soit verbalement, soit par écrit, soit de toute autre manière, le fonctionnement réel de la pensée. Dictée de la pensée, en l'absence de tout contrôle exercé par la raison, en dehors de toute préoccupation esthétique ou morale.
Enc. Philos. Le surréalisme repose sur la croyance à la réalité supérieure de certaines formes d'associations négligées jusqu'à lui, à la toute-puissance du rêve*, au jeu* désintéressé de la pensée. Il tend à ruiner définitivement tous les autres mécanismes psychiques et à se substituer à eux dans la résolution des principaux problèmes de la vie. » Breton livre ensuite la liste de ceux qui, au présent ou au passé (voir « ancêtres »), ont fait ou font « acte de SURRÉALISME ABSOLU ». Dans les années 1920, le surréalisme connaît un véritable « âge* d'or » avec la parution d'œuvres majeures, l'exploration pionnière de domaines multiples entourant l'homme et sa capacité de création, sa relation avec le monde et les sociétés. En 1929, des dissensions internes et des désaccords motivent des départs.

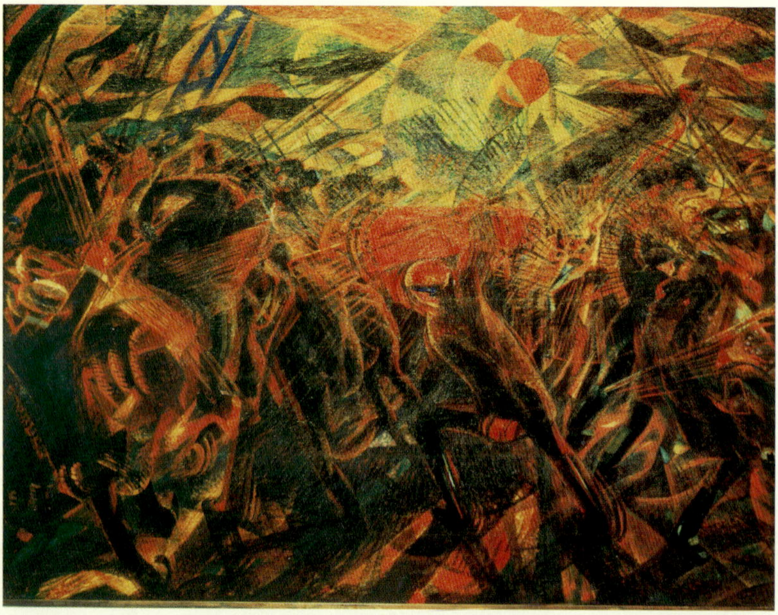

Carlo Carrà, *Les funérailles de l'anarchiste Galli,* 1911. Huile sur toile, 198,7 x 259,1. New York, Museum of Modern Art.

Le groupe accueille de nouveaux membres et continue ses recherches. Après la Seconde Guerre mondiale, qui l'a dispersé, il reprend ses activités jusqu'en 1969, date officielle de sa disparition après un demi-siècle d'existence. Mais l'esprit surréaliste, ou plutôt le « comportement surréaliste », pour reprendre Maurice Nadeau, a marqué durablement les mentalités artistiques et collectives du XXe siècle.

Des prémices à la maturité (1916-1924)

Le surréalisme occupe une place à part dans l'Histoire. Par sa nature, il échappe à tous les critères d'une étude « classique » : sa complexité, sa dimension collective, son rayonnement international unique, la pléiade d'écrivains et de peintres qui l'ont animé et grandi avant de le quitter, la politique*, son aspiration révolutionnaire*, son refus de céder aux modes, l'omniprésence et l'empreinte de Breton… Le temps ne peut en effet s'appliquer à « ce qui ne fut ni système, ni école, ni mouvement d'art ou de littérature, mais pure pratique d'existence », rappelle Maurice Blanchot. Le surréalisme plonge cependant ses racines dans un événement très historique : le cataclysme géographique et humain que fut la Première Guerre mondiale, qui sacrifia une génération, laissant des plaies morales, physiques, économiques et géographiques dont nous ressentons encore les effets. Après cette Grande Guerre, l'Europe vit une grande partie de ses frontières changer par les traités des politiques, les peuples réclamer leur « droit à disposer d'eux-mêmes » comme le proclamait Lénine, les femmes* revendiquer des avancées sociales légitimes. La colère se mit à monter, provoquant des grèves et des révoltes ouvrières, amenant aussi des courants de pensée à s'interroger sur la part de l'homme qui avait pu entraîner une telle catastrophe et à se déterminer sur une nouvelle aventure humaine.

De Zurich à Paris

Au début des années 1910, l'Europe est soumise à des tensions politiques préoccupantes qui conduiront à la guerre. Parallèlement, la peinture connaît un renouveau avec le cubisme (Braque, Gris, Picasso) qui déstructure l'espace pour le recomposer et le futurisme italien dont le manifeste est publié dans *Le Figaro* en février 1909 et signé de F. T. Marinetti, directeur de la revue *Poesia*. Ce mouvement, à l'origine pictural, sans cesse en quête d'innovation, multiplie les provocations et les soirées, où ses partisans en viennent même aux mains, les scandales, les tracts à la typographie originale. Les futuristes refusent tout, rejettent toutes les institutions et tous les

patrimoines, les musées, Venise, les peintres comme le public qui vient les applaudir. Il faut se tourner vers l'avenir, vers la modernité que symbolisent la vitesse et la machine. On déclame des textes ponctués d'onomatopées, de cris. À l'aube de la Grande Guerre, le futurisme a gagné l'Europe, notamment la Russie, et s'est étendu au cinéma*, à la littérature, la photographie*, la science ou la danse.
Le futurisme intéresse Apollinaire, attiré aussi par les cubistes, ainsi qu'un jeune Roumain, Tristan Tzara*. Pendant que les soldats se font massacrer dans les combats depuis août 1914, Tzara a choisi de se réfugier à Zurich, en Suisse neutre, pour échapper à la guerre qu'il dénonce. Il fonde le mouvement Dada* avec l'Alsacien Hans Arp*, l'Allemand Hugo Ball, homme de théâtre* et écrivain, et d'autres exilés tout aussi épris d'indépendance et de liberté. La tradition situe cette création le 8 février 1916, au cabaret Voltaire, nom donné également à la première revue dadaïste. Les soirées artistiques qui y sont organisées prennent progressivement un ton virulent, s'attaquant à cette guerre, à l'idéologie qui la soutient, aux écrivains qui la glorifient, aux intérêts qui la motivent, aux institutions qui l'entretiennent, « à la placidité suisse, à l'ordre établi, à la société, [...] et peu à peu à toutes les formes d'art, mêmes les plus modernes », signale Michel Sanouillet (auteur entre autres de *Dada à Paris*). Tzara devient l'animateur infatigable du groupe, tandis que sont jetés les principes d'une décomposition du langage (verbal et visuel) dont la logique et les règles sont bouleversées. L'esthétique importe moins que le choc produit. Ce sont par exemple des collages ou des textes qui deviennent parfois incompréhensibles et purement phonétiques pour déstabiliser l'auditeur et le forcer à s'interroger. Le langage n'est-il pas le véhicule de la propagande belliciste ? *Cabaret Voltaire* laisse place à la revue *Dada* dont la troisième formule contient en décembre 1918 le *Manifeste Dada 1918,* véritable acte de foi révolutionnaire ne se réclamant d'aucune idéologie. Tzara écrit : « Je suis contre les systèmes, le plus acceptable des systèmes est celui de n'en avoir aucun [...] Que chaque homme crie : il y a un grand travail destructif, négatif à accomplir. Balayer, nettoyer. » Il faut détruire pour mieux changer l'homme. Ce texte enthousiasme Francis Picabia*, peintre abstrait, qui, à New York, a déjà fait circuler un vent dadaïste précurseur avec ses amis Duchamp* et Man Ray*, notamment dans sa revue *391.* Il retient aussi l'attention d'une autre revue de Paris*, *Littérature.* Dada gagne en effet l'Europe, de l'Italie à l'Allemagne (avec Ernst* et Arp), de l'Espagne à la Hongrie.

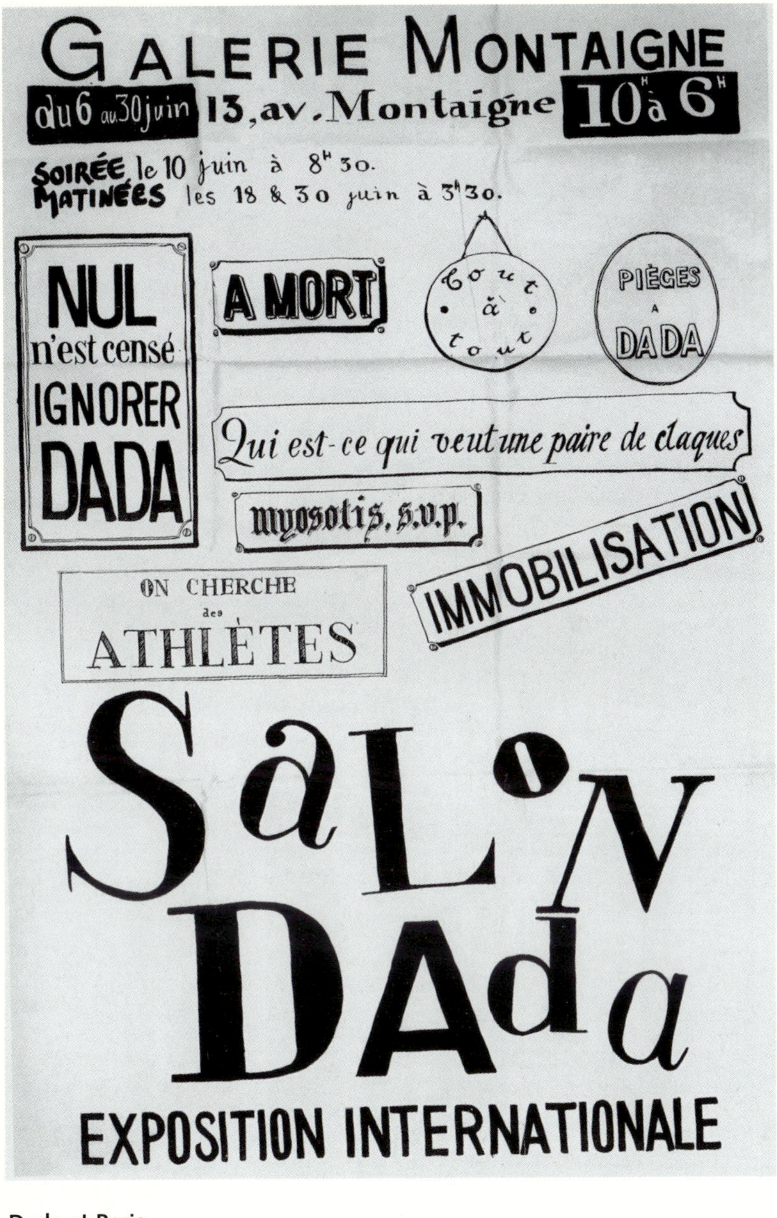

Affiche du Salon Dada, Exposition internationale.

Dada et Paris

À Paris, pendant la guerre, Dada est connu de Pierre Reverdy* qui publie Tzara dans sa revue *Nord-Sud,* ou de Pierre Albert-Birot qui fait de même dans *Sic* et soutient le cubisme et le futurisme. Deux personnages hauts en couleurs ont en outre ouvert la voie d'un nihilisme salvateur : Arthur Cravan (1881-1920), un poète boxeur, créateur et animateur de la revue *Maintenant* (1912-1915) ; Jacques Vaché*, grand pourfendeur des valeurs surannées et du conservatisme. En 1916, lors d'une convalescence à l'hôpital de

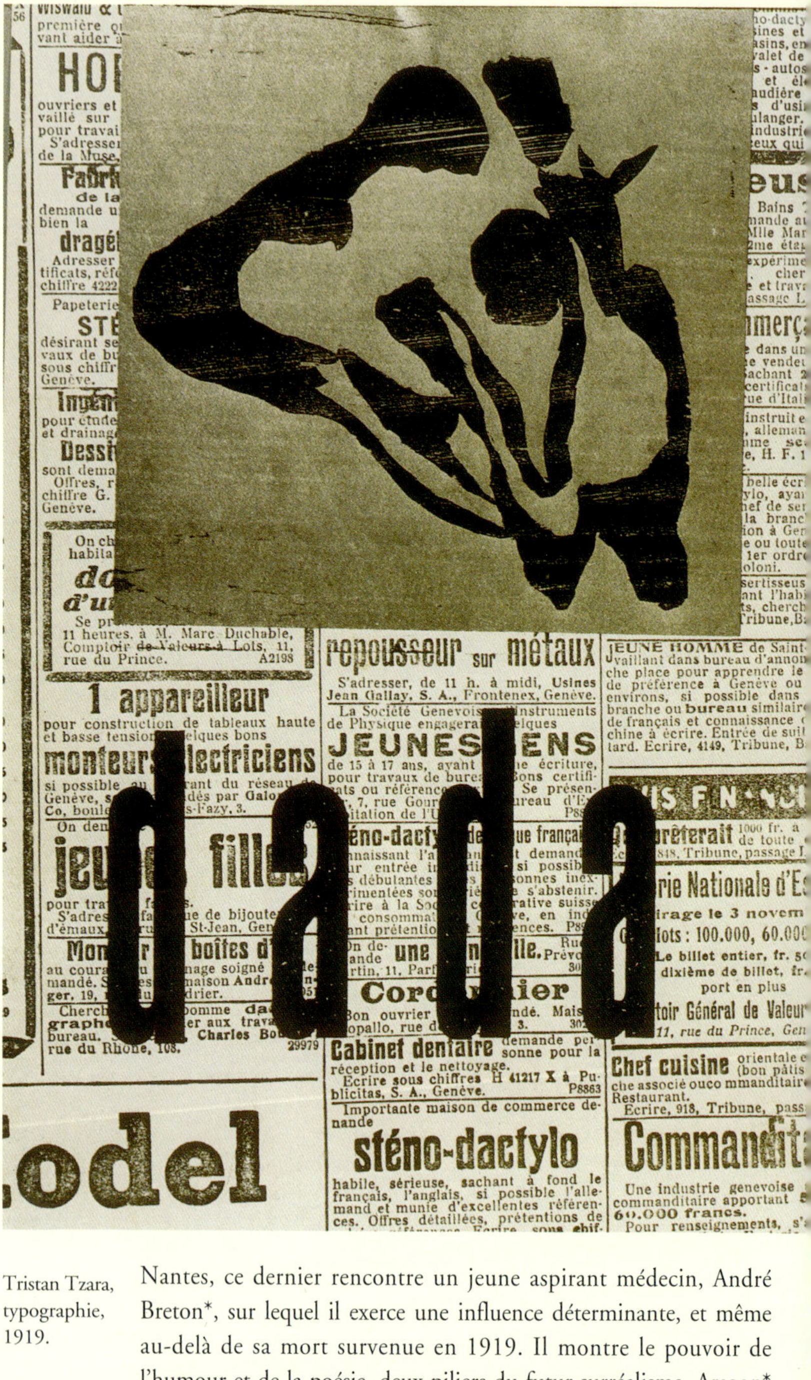

Tristan Tzara, typographie, 1919.

Nantes, ce dernier rencontre un jeune aspirant médecin, André Breton*, sur lequel il exerce une influence déterminante, et même au-delà de sa mort survenue en 1919. Il montre le pouvoir de l'humour et de la poésie, deux piliers du futur surréalisme. Aragon* et Breton, alors étudiants en médecine, font connaissance en 1917 à

la librairie d'Adrienne Monnier, rue de l'Odéon, où la littérature contemporaine tient une grande place. Ils effectuent ensuite des gardes à l'hôpital du Val-de-Grâce, pendant lesquelles ils lisent à voix haute la poésie d'un auteur quasiment inconnu, Lautréamont ; ils sont aussi passionnés de Rimbaud et Jarry, dont la notoriété est alors plus que discrète – trois des « ancêtres* » du surréalisme. Ils apprécient un jeune auteur, Soupault*, qu'Apollinaire présente à Breton et celui-ci à Aragon. Ces trois hommes fondent la revue d'avant-garde *Littérature,* titre volontairement provocateur inspiré par Paul Valéry, dont le premier numéro sort en mars 1919. Lautréamont, Tzara*, *Les lettres de guerre* de Vaché* sont publiés au côté d'écrivains moins remuants tels que André Gide, Max Jacob et Paul Valéry. Pendant ce temps, Breton et Soupault conçoivent un texte selon un nouveau procédé : l'écriture automatique*. Ces *Champs* magnétiques,* que Breton saluera comme la première œuvre surréaliste, ont été écrits au café de la Source, boulevard Saint-Michel. Les cafés, ciments des diversités, sont et seront de véritables antichambres surréalistes : le Certà, passage de l'Opéra, où *Littérature* aura son siège, où Le Cyrano, 82, boulevard de Clichy, près de la rue* Fontaine où Breton s'installera en 1922.
Les Champs magnétiques correspondent à une évolution capitale : la naissance d'un état d'esprit (le surréalisme) mis au service de la révolte* qui anime l'équipe de *Littérature,* renforcée désormais par Éluard, et qui trouve sa source dans les mêmes colères que Dada. Une rébellion, certes subversive, mais qui se veut plus constructive que le dadaïsme, en appelant notamment des réponses à des questions comme l'enquête *Pourquoi écrivez-vous ?* parue en novembre 1919. Le rapprochement entre les deux groupes est cependant inévitable et, à la fin de l'année 1919, Breton écrit à Tzara : « Je n'attends plus que vous. » Au mois de janvier suivant, le turbulent dadaïste arrive à Paris. Tzara apporte un souffle et une dynamique qui transparaissent au travers de manifestations et de spectacles provocateurs dans la lignée des soirées tapageuses de Zurich. « Il va jouer le rôle de catalyseur des tendances révolutionnaires qui animaient le groupe de *Littérature* et ceux qu'il influençait », précise Maurice Nadeau. Picabia*, Georges Ribemont-Dessaignes*, Jean Paulhan ou Théodore Fraenkel, ami d'adolescence de Breton et correspondant de Vaché, sont aussi de ces fêtes où règne le désordre le plus complet, où le public, pris à parti, participe autant que les organisateurs qui proposent des textes, des peintures, tout ce qui peut enflammer l'assistance. On lit des manifestes qui

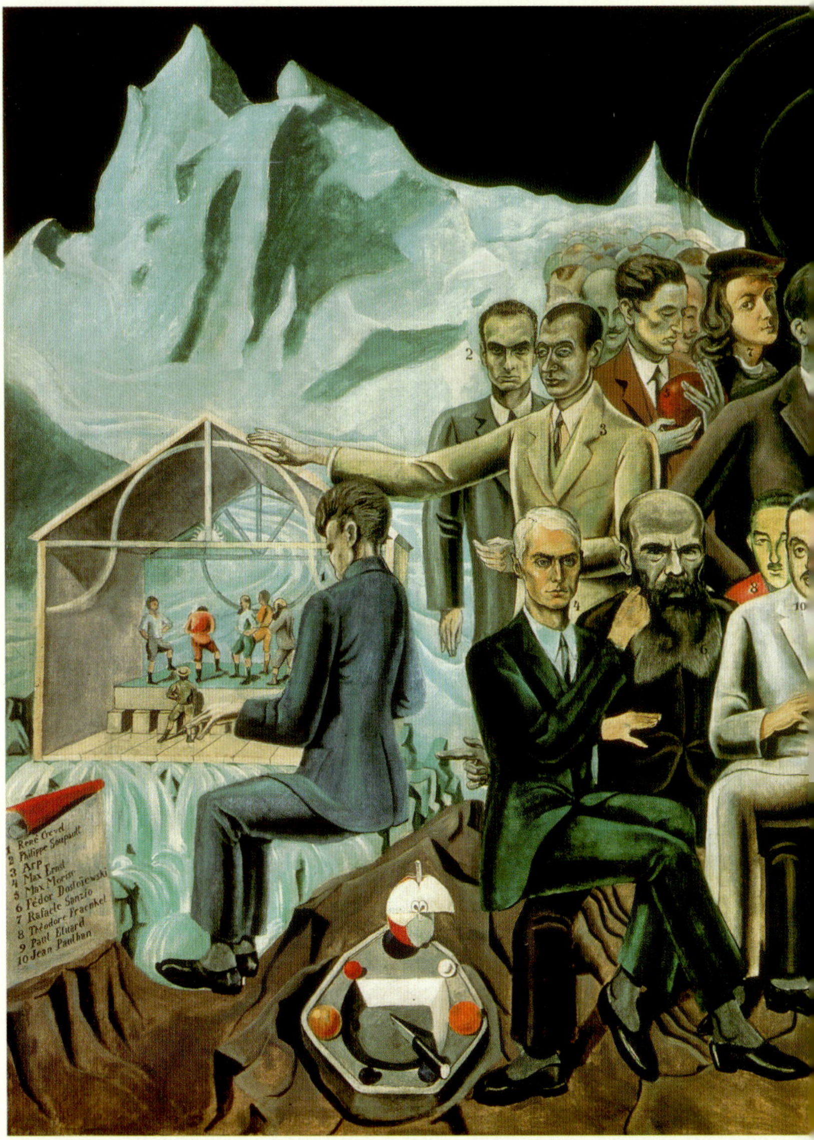

Max Ernst, *Au rendez-vous des amis*, 1922/23. Huile sur toile, 130 x 193. Cologne, Museum Ludwig.

réclament la destruction prônée par Dada*, on joue des pièces de théâtre*. En 1921, sont inaugurées les visites de lieux parisiens sans intérêt, comme le jardin désolé de l'église Saint-Julien-le-Pauvre (14 avril). Mais le 13 mai, Breton* mène le « Procès Barrès », sans l'approbation de Tzara*. Le but est de mieux organiser cette révolte trop anarchique en s'attaquant directement aux têtes de la culture officielle et bien pensante. À l'accusé, écrivain et homme politique, nationaliste et grand partisan de la guerre, est reproché d'attenter à la

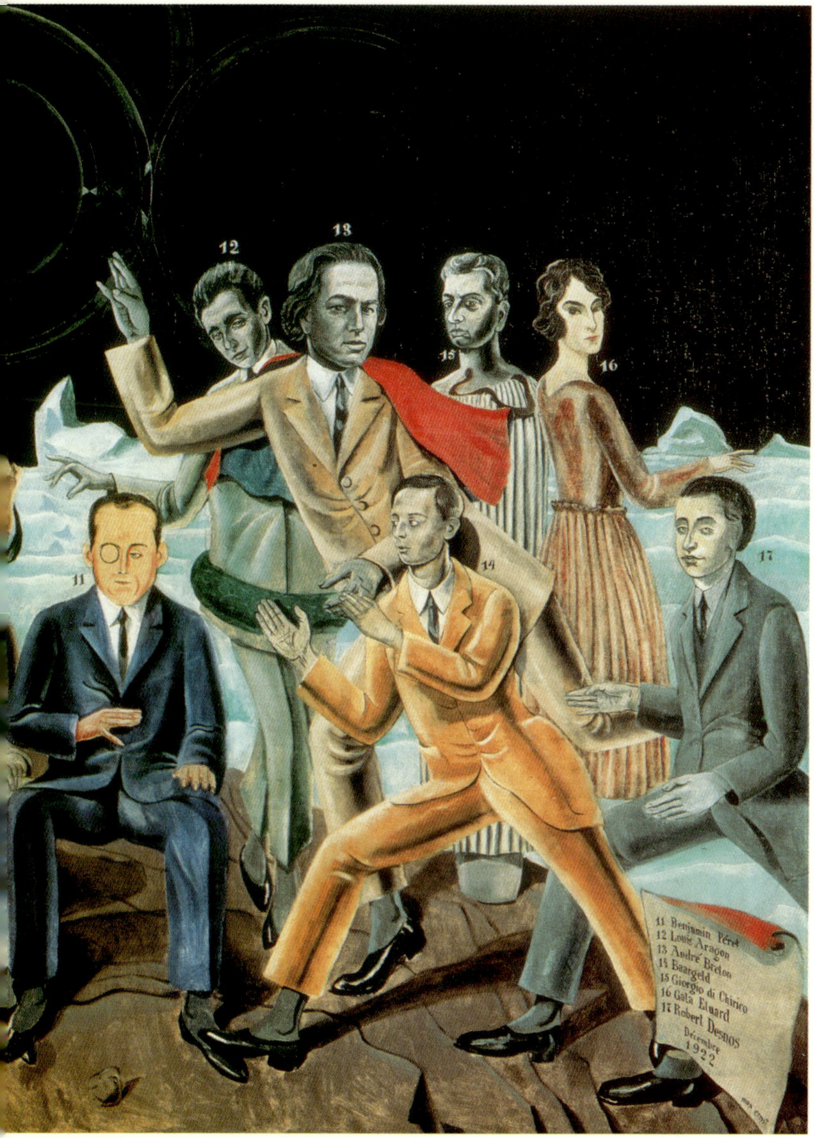

«sécurité de l'esprit». Il est représenté par un mannequin de bois, a pour défenseurs Aragon et Soupault, et pour témoins Benjamin Péret* ou Pierre Drieu La Rochelle. Ce procès révèle les dissensions entre Breton et Tzara, qui éclatent au grand jour à l'occasion du «Congrès de Paris» en février 1922. Breton, l'initiateur, souhaite une grande concertation sur l'esprit moderne. Tzara décline l'invitation, car le dadaïsme n'a que faire du modernisme, qu'il s'agisse d'art ou d'autre chose. Le congrès n'a pas lieu, le divorce est consommé.

Man Ray, André Breton, *Essai de simulation du délire cinématographique*, 1935.

Dada ne survivra qu'un an : en juillet 1923, les amis de Breton perturbent la représentation d'une pièce de Tzara, *Le Cœur à barbe.*

L'envol

Il serait simpliste de prétendre que le surréalisme est une sorte de fils naturel du dadaïsme. Ce courant novateur est issu d'une maturation collective et de réflexions individuelles, amorcées depuis plusieurs années. Dada* mais aussi diverses influences ont joué le rôle de

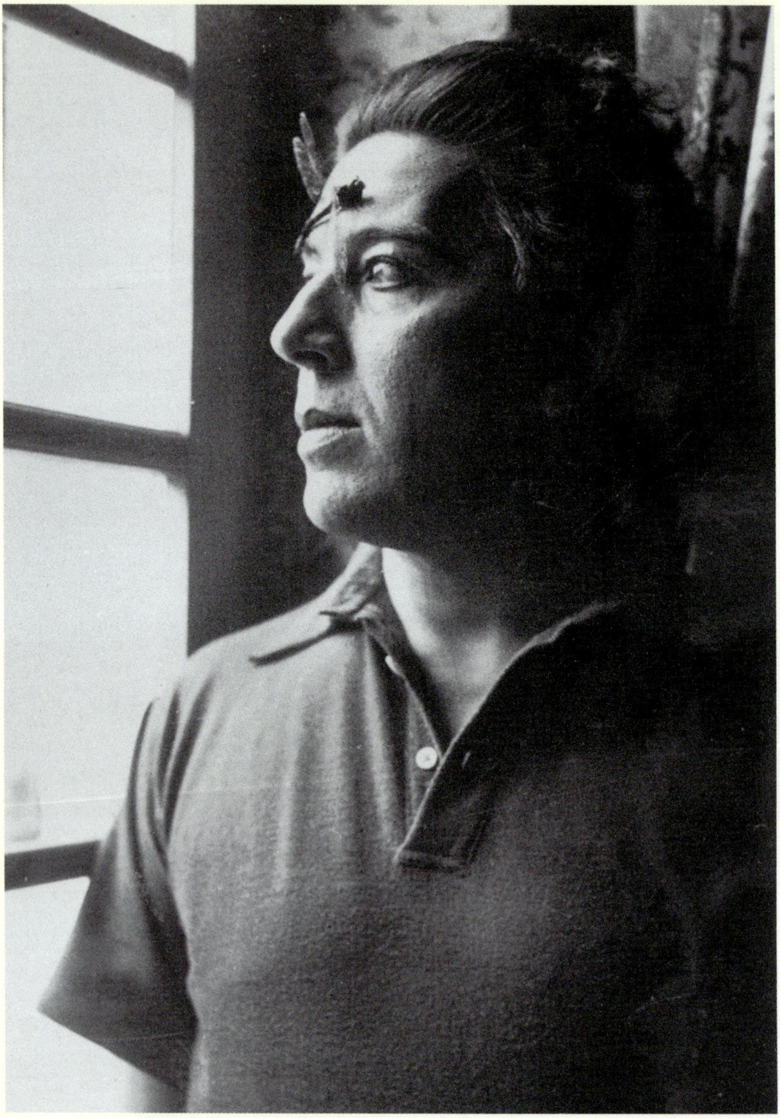

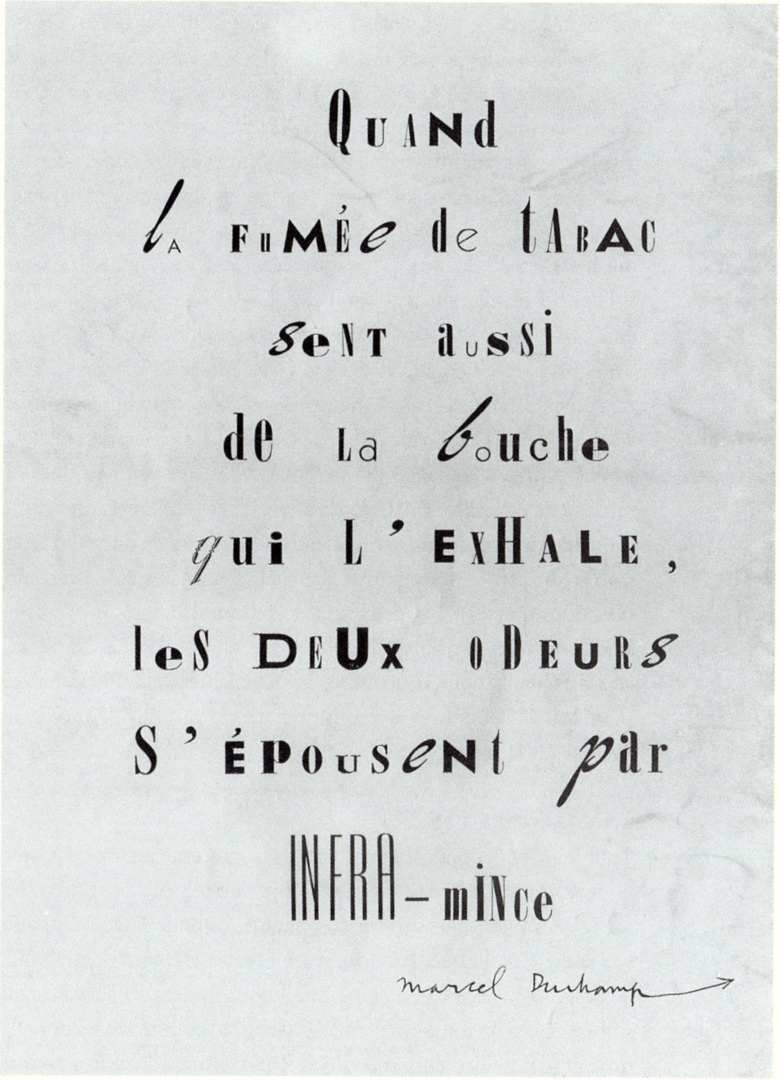

Marcel Duchamp, texte, 1936.

révélateurs. Le désaccord apparu entre Tzara*, toujours partisan d'une lutte anarchique, et Breton, porté vers une action plus structurée, argumentée et donc plus efficace, est le reflet d'une évolution propre au surréalisme et parvenue à son éclosion : il est temps d'explorer les domaines de l'inconscient, de faire exploser l'écriture en recourant à tout ce qui stimule l'imagination. En 1921, Breton a rencontré Sigmund Freud à Vienne ; il a eu connaissance de ses travaux sur la psychanalyse en 1916, lorsqu'il était en poste au centre psychiatrique de Saint-Dizier. Mais les livres de Freud ne seront traduits en français qu'en 1922, et cette visite, en pleine période dadaïste, s'est soldée par un quiproquo, Freud restant méfiant – le compte rendu paraît dans *Littérature.* Néanmoins, les recherches de Freud sur les interprétations des rêves* (*La Science des rêves,* éditée en français en 1926), et la sexualité*, seront sous-jacentes dans le parcours du surréalisme, celui-ci gardant un œil critique sur les travaux de Freud. En dehors de la rupture avec Dada*, l'année 1922 est capitale à plusieurs titres. Les surréalistes se réunissent rue* Fontaine, chez Breton, et inaugurent les expériences sur le sommeil hypnotique, l'initiative revenant à René Crevel*. Le rêve (éveillé ou endormi), qui livre des secrets intérieurs, devient la matrice de l'inspiration. Lors de ces séances, Robert Desnos* montre des facilités qui impressionnent les participants, une poésie qu'il ne peut restituer à l'état de veille. La revue* *Littérature* change de présentation et son contenu devient totalement surréaliste (mars 1922 à juin 1924). Enfin, Ernst* peint *Au rendez-vous des amis,* où figurent les pionniers du surréalisme et trois « ancêtres » (les peintres Raphaël et De Chirico*, l'écrivain russe Dostoïevski). Les deux années suivantes, le groupe s'étoffe, avec les arrivées de Jacques Baron, Roger Vitrac*, Michel Leiris* et, faits marquants pour la peinture, le ralliement d'André Masson* et Joan Miró*, membres dynamiques de ce que l'on a appelé le « groupe de la rue Blomet ».

La charnière (1924)

Tout semble prêt pour le grand virage qu'amorce le surréalisme, avec la création, en octobre 1924, du Bureau central de recherches surréalistes (voir « rues surréaliste ») auquel Antonin Artaud* apporte son énergie prolifique. En octobre, le premier *Manifeste** paraît aux éditions du Sagittaire et marque (traditionnellement) la naissance du surréalisme : Breton s'en prend à la notion de littérature, dont la bourgeoisie s'est emparée pour corrompre l'homme et son imaginaire. À la même époque, le groupe commet le pamphlet *Un* cadavre,* dans lequel il s'en prend à Anatole France, qui vient d'être enterré en héros national, et représente ce qu'il déteste le plus – le couturier Jacques Doucet, qui désapprouve ce texte, congédie ses « conseillers artistiques et littéraires », Aragon* et Breton. En décembre sort une nouvelle revue, *La Révolution* surréaliste* (décembre 1924 à décembre 1929), confiée d'abord à Péret* et Pierre Naville*, dont le titre indique le passage des surréalistes à l'action révolutionnaire. Cette publication et le premier *Manifeste* insistent sur la nécessaire libération de l'homme. Il faut se

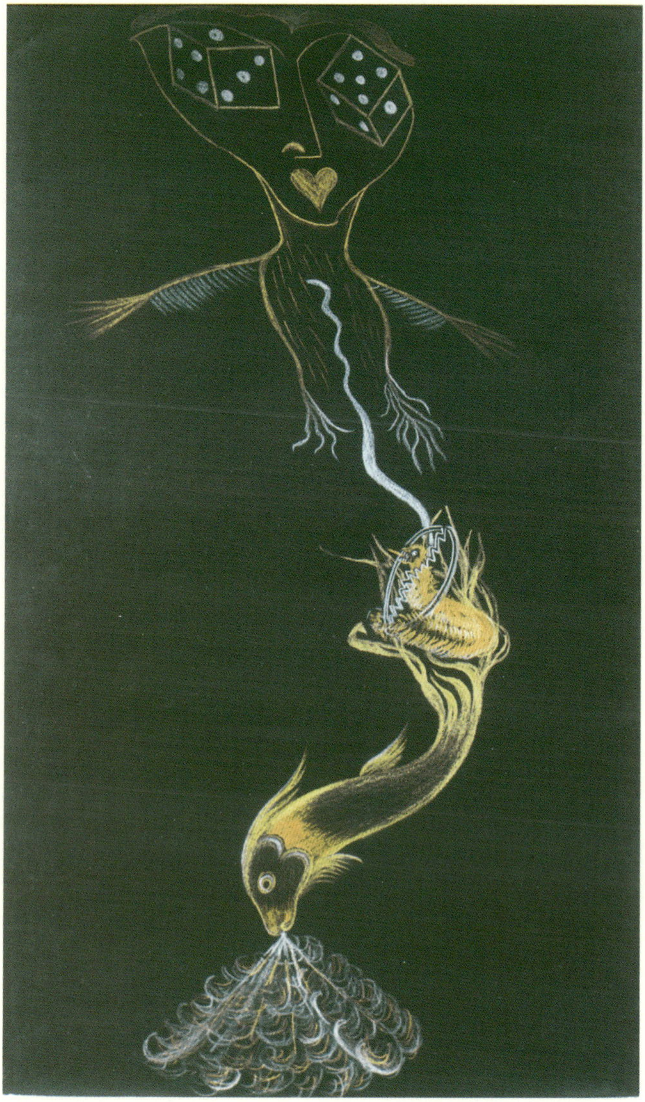

A. Breton, P. Éluard, T. Tzara et Valentine Hugo, *Cadavres exquis,* 1929. Pastel sur papier, 40,5 x 24,5. Stockholm, Moderna Museet.

débarrasser de ses boulets sociaux et politiques, en recourant au rêve et au merveilleux, sources d'émancipation individuelle et collective, au contraire de la littérature officielle et bourgeoise qui, avec le roman, propose une réalité fabriquée et figée. Une révolution* qui, pour l'heure, prend les accents de l'anarchie, à l'image de Germaine Berton, dont la photographie* est reproduite dans le premier numéro de *La Révolution surréaliste :* une femme* qui n'a pas hésité en 1923 à assassiner un camelot du Roi (extrémiste de droite). Les surréalistes, approuvant ce crime justifié par l'élimination d'un danger, lui ont apporté un soutien, comme ils le feront pour les affaires Nozières et Papin (1933).

De l'envol à la dispersion (1925-1940)

La dimension révolutionnaire des surréalistes est concrétisée par un tract, l'un de leurs véhicules d'information favoris : la *Déclaration du 27 janvier 1925,* écrite par Artaud*, prévient que « Le surréalisme n'est pas un moyen d'expression nouveau ou plus facile, ni même une métaphysique de la poésie. Il est un moyen de libération de l'esprit et de tout ce qui lui ressemble. [...] Le surréalisme n'est pas une forme poétique. Il est un cri de l'esprit qui retourne vers lui-même et est bien décidé à broyer désespérément ses entraves. Et au besoin par des marteaux matériels. » Le ton est donné et le groupe s'engage dans une période plus critique et politique* qui va provoquer en son sein des désaccords et des ruptures.

Du château au second Cadavre

En novembre 1925 se déroule à Paris* la première Exposition* officielle de la peinture surréaliste, où figurent Arp*, Ernst*, Paul Klee*, Miró*, Man Ray* voisinant avec De Chirico* et Picasso. La même année voit le ralliement de jeunes hommes occupant une petite maison de la rue* du Château, derrière Montparnasse, où se rassemblent Queneau, Leiris*, Péret*, Breton*, Aragon* et les autres surréalistes. Ces trois nouveaux venus, Marcel Duhamel, Jacques Prévert et Yves Tanguy* apportent sans conteste une certaine folie à un groupe habitué aux réunions plus sérieuses que Breton organise à son domicile. C'est dans cette maison que l'on se livre à des jeux*, dont le célèbre « cadavre exquis » qui y est inventé. Mais la détente et la recherche de merveilleux n'empêchent pas de se préoccuper du monde et de ses soubresauts. En 1925, la guerre du Rif algérien, représailles du pouvoir français contre la révolte d'Abd el-Krim, provoque la colère des surréalistes qui, antimilitaristes et marqués par le souvenir de la Grande Guerre, en dénonce le but colonialiste – ils réagiront aussi contre l'Exposition coloniale de Paris (1931). Ils consolident leur vocation révolutionnaire dans un manifeste, *La Révolution d'abord et toujours,* en collaboration avec la revue *Clarté,* d'inspiration communiste, qui publie déjà des surréalistes. Le groupe précise ainsi sa position politique. La même année ont lieu deux événements qui confirment ce virage provocateur et parfois violent. Paul Claudel, qui a vivement critiqué les surréalistes, est l'objet d'une virulente *Lettre ouverte à Paul Claudel,* qui l'accuse d'être à la

fois ambassadeur de France et poète, une fonction et un état inconciliables. Claudel, si ses œuvres de jeunesse retiennent l'attention des surréalistes, affiche désormais un patriotisme bon teint et intolérable. Ce texte est distribué en juillet lors d'un banquet offert au restaurant bar de la Closerie des Lilas, en l'honneur de Saint-Pol Roux, poète symboliste pourtant très apprécié des surréalistes, dont Breton, qui lui a dédié *Clair de terre* (1923). L'échauffourée qui s'ensuit entraîne l'intervention de la police. « À bas la France ! », crie Leiris*. La presse bien-pensante s'indignera et demandera la censure des surréalistes.
En 1927, ces derniers composent *Hands off Love* (Bas les pattes devant l'amour) où ils prennent la défense de Charlie Chaplin (voir « cinéma »), harcelé par les ligues de vertu américaines et accusé (faussement) de cruauté mentale et de perversion sexuelle par sa femme, Lita Grey, qui réclame le divorce. Aragon, Breton, Éluard*, Péret et Pierre Unik rejoignent le parti communiste (voir « politique »), adhésion diversement ressentie par les membres du groupe. Artaud, Soupault* et Vitrac*, exclus, protestent contre une confusion entre la révolution* par l'esprit et la révolution sociale et politique. En fait, les rapports entre Breton, qui exerce un réel pouvoir sur le surréalisme, et certains de ses amis, commencent à s'effriter. Il ne s'agit pas d'affaires de personnes, mais de divergences profondes. Ainsi, en 1929, Breton intente un véritable procès au groupe du Grand* Jeu, et Ribemont-Dessaignes* quitte la séance. La même année, il publie le *Second Manifeste** dans le dernier numéro de *La Révolution surréaliste,* et s'en prend à d'anciens compagnons récemment exclus, Desnos* ou Baron. La réaction contre ces procès et ces positions ne tarde pas : c'est *Un* cadavre,* reprise volontaire du titre de 1924, mais appliqué six ans plus tard à Breton lui-même. Un pamphlet redoutable.

Après la tempête

René Bertelé, dans la préface de *Corps et Biens* de Desnos (Gallimard), donne un juste aperçu du changement intervenu au sein du surréalisme : « Quand paraît, en 1930, *Corps et Biens,* la période héroïque, on dirait presque "innocente", du surréalisme – celle de toutes les aventures et de toutes les audaces, de toutes les provocations, celle de tant d'entreprises menées sous le signe du hasard et de la rencontre, de l'"automatisme", à travers "la Ville aux rues sans nom du cirque cérébral" – est passée ou est en train de passer. André Breton a publié *Les Champs* magnétiques,* avec Philippe

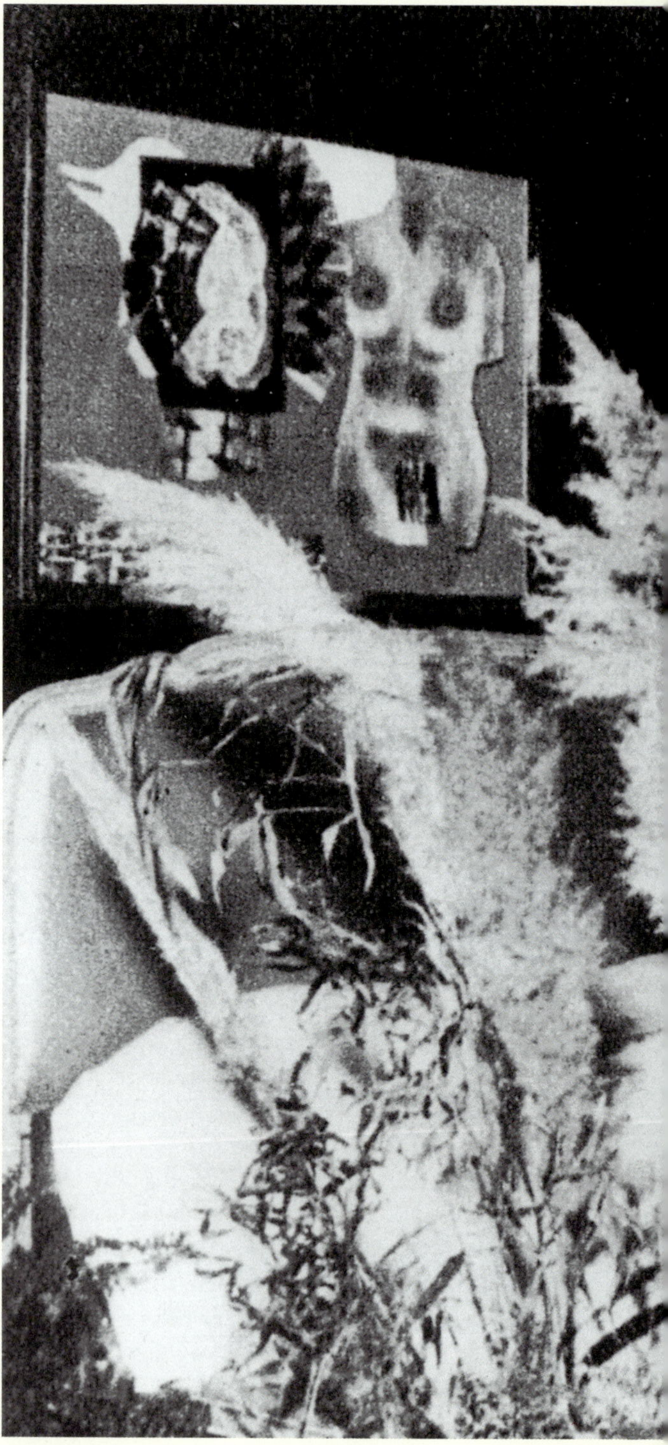

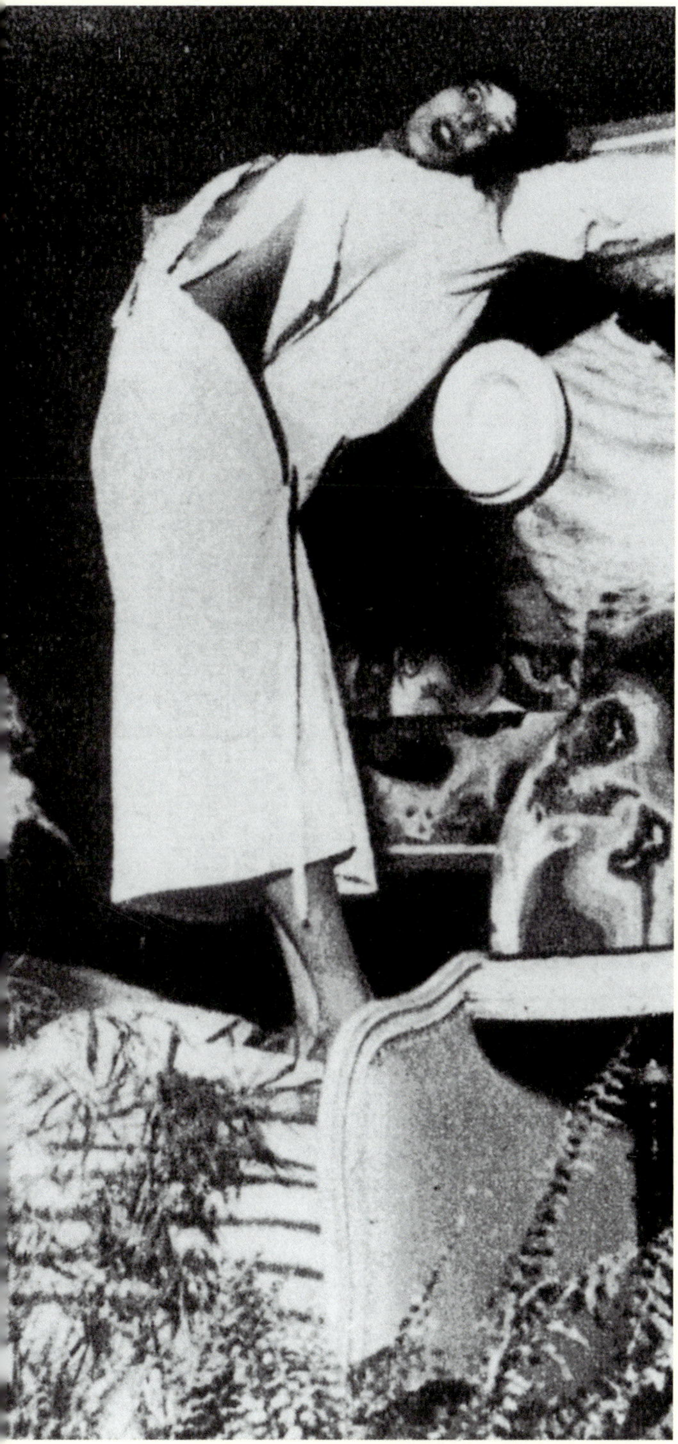

Exposition internationale du surréalisme, 1938, Paris. La danseuse Hélène Vanel jouant *L'aile manquée* lors du vernissage.

Soupault*, le *Manifeste** et *Nadja ;* Paul Éluard* : *Capitale de la douleur* et *L'amour la poésie ;* Aragon* : *Une vague de rêves, Le Paysan de Paris* et *Traité de style ;* Péret* : *Le Grand Jeu ;* Artaud* : *Le Pèse-nerfs.* »

Les années 1930 commencent en effet par le premier numéro de la revue* *Le Surréalisme au service de la révolution* (juillet 1930 à mai 1933) qui insiste sur la position politique du surréalisme, et concerne un groupe largement renouvelé : arrivées de René Char*, Georges Hugnet, Léo Malet (futur auteur de *Nestor Burma*), Georges Sadoul, André Thirion ; les liens sont noués avec le peintre belge René Magritte*, ou rétablis avec Tzara*. En 1930 éclate le scandale de *L'Âge* d'or* de Luis Buñuel*, grand artisan du surréalisme au cinéma*, qui a déjà réalisé *Un chien andalou* (1928), film muet novateur et allégorie sur la sexualité*, avec son ami le peintre Salvador Dalí*, lequel va apporter au surréalisme sa « paranoïa critique ». *L'Âge d'or,* moyen métrage parlant financé par le vicomte de Noailles, est la victoire de l'amour* sur la société répressive, l'amour clamé par Breton dans le *Second Manifeste,* et par Péret* dans une anthologie*. Un amour inséparable du désir, cœur de l'*Immaculée Conception* (Breton et Éluard, 1930) où les auteurs tentent d'approcher la folie dont les frontières sont fragiles et déterminées par la société – la folie passionnera les surréalistes (voir « Artaud »).

Luis Buñuel, *Un chien andalou,* 1928.

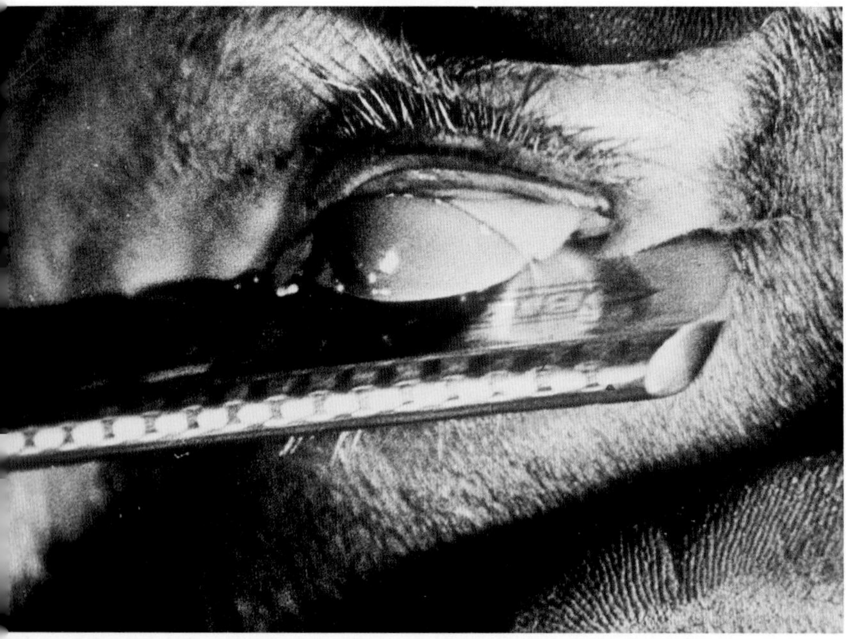

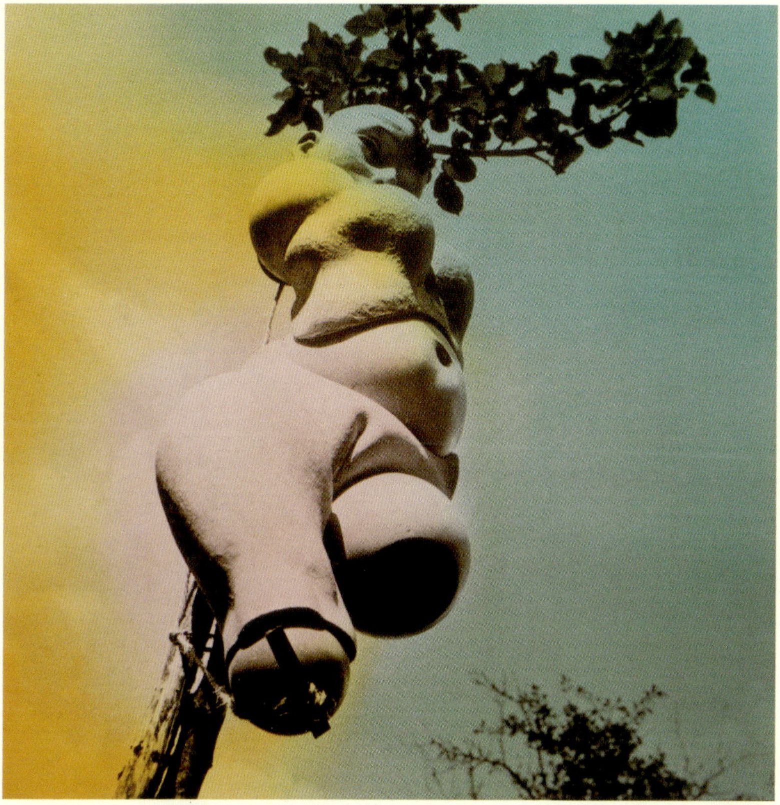

Hans Bellmer, *Les jeux de la Poupée,* 1939.

En 1932, Breton et Crevel* adhèrent à l'Association (communiste) des écrivains et artistes révolutionnaires (AEAR), dont Aragon fait aussi partie. Cet organisme se dresse contre le fascisme et le nazisme, ce qui ne peut que satisfaire Breton. Mais celui-ci ne tarde pas à s'en prendre à la culture officielle des soviétiques, dont le pouvoir s'est durablement installé, ce qui lui ôte son caractère pionnier, source d'échanges et de richesse. Breton est exclu du PCF (1933) en même temps que Crevel et Éluard*. De son côté, Aragon choisit le camp communiste ; sa formule « Moscou la gâteuse », dans *Un* cadavre* de 1924, est oubliée. Une défection importante, tant personnelle que surréaliste, à laquelle s'ajoutera celle d'Éluard, en 1938.

En 1933, les surréalistes se passionnent pour deux affaires criminelles qui défraient la chronique. Violette Nozières (dont Claude Chabrol a fait un film en 1977) est accusée d'avoir empoisonné ses parents ; mais ils (les surréalistes) rendent hommage à son geste qui symbolise l'oppression, son père l'ayant forcée à des relations sexuelles et la presse réactionnaire la couvrant d'opprobre.

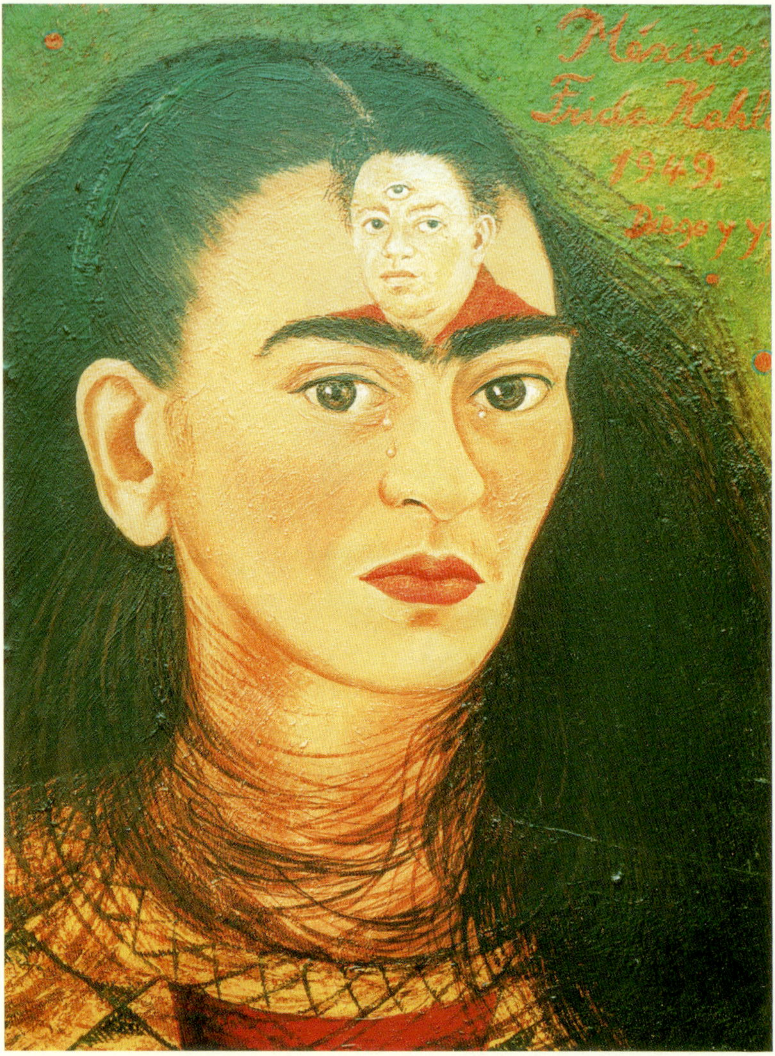

Frida Kahlo, *Diego et moi,* 1949. Huile sur toile, 28 x 22. Collection particulière.

Ils prennent fait et cause pour deux sœurs, autres victimes de la société. Léa et Christine Papin, jeunes provinciales tranquilles, ont assassiné sauvagement leurs patronnes, madame Ancelin et sa fille, qui les exploitaient depuis six ans – Jean Genet en tirera sa pièce *Les Bonnes* (1947) ; deux films retracent ce fait divers sanglant : *Les Abysses* de Nico Papatakis (1963) et *Les Blessures assassines* de Jean-Pierre Denis (2000). Leurs photographies* sont même reproduites dans *Le Surréalisme au service de la révolution* dont le dernier numéro paraît en mai 1933. Avec cette dernière parution se clôt la période des grandes revues* surréalistes. Le relais est pris par *Minotaure*

(1933-1939), fondée par l'éditeur Albert Skira, publication plus luxueuse, à caractère encyclopédique et reflet de son temps. Les pages sont largement ouvertes aux surréalistes, ainsi qu'à la photographie* avec Brassaï et Man Ray*, aux sciences occultes, à la musique, à des enquêtes sur divers sujets. On peut y lire Roger Caillois, Pierre Jean Jouve, Jacques Lacan étudiant le cas des sœurs Papin, ou Henri Michaux, et découvrir les peintres ayant rejoint le surréalisme : Hans Bellmer*, Victor Brauner*, Oscar Domínguez*, Roberto Matta*. Dans les années 1930, d'autres noms s'ajoutent au groupe surréaliste de Paris*, ceux de Jacques Hérold* et de Wifredo Lam*. Parallèlement, Breton rompt définitivement avec le PC et est interdit de parole au Congrès (communiste) international des écrivains pour la défense de la culture, trois jours après le suicide de Crevel* qui y a beaucoup travaillé (1935). Cette époque est marquée aussi par la montée dangereuse de l'extrême droite en France (émeutes fascistes du 6 février 1934), et par celle de la guerre d'Espagne lors de laquelle les surréalistes prennent parti pour les républicains, Péret* s'engageant même dans les combats. Un climat délétère envahit l'Europe. La guerre, dont ils ont dénoncé l'hypocrisie dans un tract (*Ni de votre guerre, ni de votre paix !*) piègent pourtant les surréalistes, comme tous les Français. Le groupe se disperse. Des quatre premiers animateurs de *Littérature,* il ne reste que Breton. Certains surréalistes ont déjà gagné l'étranger, où le surréalisme s'est répandu.

De la guerre à la dissolution (1940-1969)

Le surréalisme fait davantage appel à la notion de groupe qu'à celle de mouvement, lequel suppose l'adhésion à une forme d'école, dimension que refusaient les surréalistes. Les pays étrangers ont ainsi développé, à partir d'un fonds commun, des activités propres, qui s'unissaient aux autres sphères surréalistes lors des expositions nationales ou internationales, où des initiatives prises par les revues de tel ou tel pays. En 1938, année où Breton rencontre Trotski au Mexique (voir « révolution »), Paris* accueille l'Exposition* internationale du surréalisme, reflet d'une internationalisation qui s'est développée. L'Asie, l'Europe et l'Amérique ont abrité des foyers surréalistes bouillonnants, et souvent turbulents : la Belgique où rayonne un groupe très actif et important (Magritte*, Mesens, Nougé, Scutenaire...), les Antilles avec Aimé Césaire, les États-Unis, le Japon de Shuzi Takiguchi (la revue *Bungei-tambi* publiait Aragon* et Éluard* dès 1925), le Mexique avec Diego Rivera

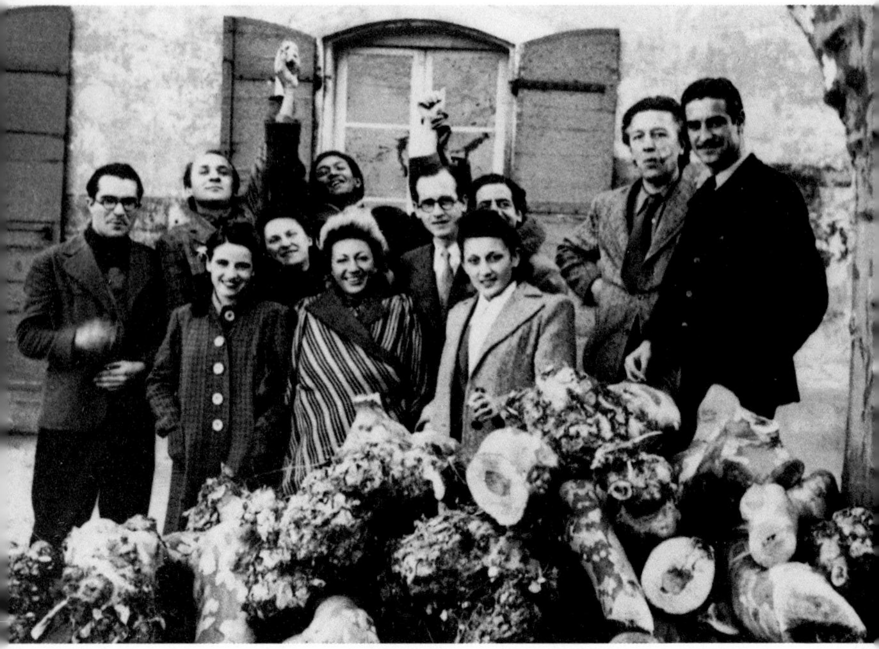

Jacques Hérold, Wifredo Lam, Oscar Domínguez, André Breton à la villa Air-Bel, Marseille, 1941/42.

et sa femme* Frida Kahlo, l'Angleterre animée par David Gascoyne ou Roland Penrose, la Roumanie d'où viennent Tzara*, Hérold* et Brauner*, la Tchécoslovaquie avec Styrsky et sa femme* la peintre Toyen… La liste est longue.

De Marseille à New York

Il serait déplacé d'émettre le moindre jugement sur l'attitude de chaque surréaliste durant la guerre, période hautement troublée où le courage fut multiple. Tanguy* gagne les États-Unis, Breton et Péret*, malgré leur aversion pour le militarisme, sont mobilisés et rejoignent leurs unités. Bellmer* et Ernst*, Allemands jugés « indésirables », sont enfermés dans un camp français. Le premier rejoindra le maquis. En juin 1940, alors que les Forces françaises libres commencent à s'organiser à Londres après le désastre, le sort réunit des surréalistes à Marseille, porte de sortie vers le Nouveau Monde, en « zone libre » sous le contrôle du gouvernement de Vichy. Sont présents Breton, Char*, Domínguez*, Duchamp*, Ernst, Hérold, Lam*, Masson*, Péret, Tzara, ainsi que Victor Serge (traducteur de Trostki), Étienne Martin ou le sociologue Claude Lévi-Strauss qui relatera cette expérience dans *Tristes Tropiques.* Tout ce monde tente de survivre tant bien que mal. Breton apprend que le pouvoir de Pétain interdit la parution de son

Anthologie de l'humour noir,* qui représente « la négation de l'esprit de révolution nationale » – puis son poème *Fata Morgana.* Pour tromper l'ennui, les amis, soudés par la force des circonstances, oubliant pour certains les querelles d'hier, conçoivent un jeu* original : le « jeu de Marseille », détournement du jeu classique de cartes. En mars 1941, ils se dispersent à nouveau. Hérold gagne le Lubéron, le pays du marquis de Sade ; Brauner* se rend dans la région de Gap où il continue à travailler. Breton, Ernst* et Masson, qui a déjà combattu lors de la Grande Guerre et a connu celle d'Espagne, obtiennent des visas pour les États-Unis. Pendant le voyage, Breton fait une longue escale à la Martinique, où il rencontre Aimé Césaire – il en sortira *Martinique charmeuse de serpents* (1948). Une période d'exil difficile à accepter commence.

Du rêve américain à la réalité

Breton* va passer cinq années sur le sol américain. À New York, il organise avec Duchamp*, l'exposition* *First papers of surrealism,* à l'automne 1942. Il fonde avec Duchamp et Ernst la revue* *VVV,* ou *Triple V* (juin 1942 à février 1944), qui publie son *Prolégomènes à un troisième manifeste* du surréalisme ou non,* où naît le principe des Grands Transparents qu'illustrera Hérold. En

Georges Platt Lynes, *artistes en exil à New York chez P. Matisse,* 1942. En bas : R. Matta, O. Zadkine, Y. Tanguy, M. Ernst, M. Chagall, F. Léger. En haut : A. Breton, P. Mondrian, A. Masson, A. Ozenfant, J. Lipchitz, P. Tchelitchew, Selignan, E. Berman.

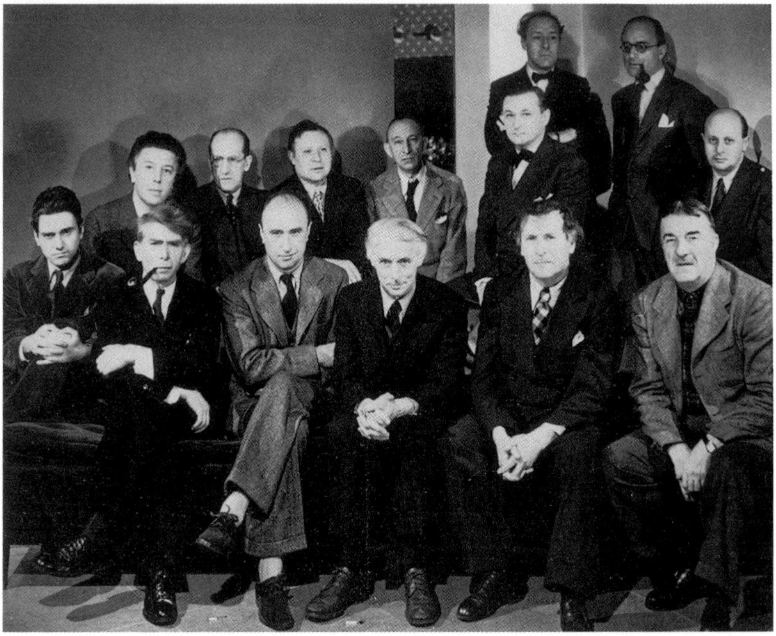

1943, il rencontre Élisa, qu'il ne quittera plus, pour laquelle il écrit *Arcane 17,* titre qui évoque le jeu* de tarot. Il visite aussi les réserves des Indiens Pueblos, s'initie aux rites des Indiens Hopis et Zunis ; il voyage à Haïti où le vaudou le captive.

À son retour en France, en 1946, il retrouve un surréalisme qui demande à se renouveler. Tzara* est entré dans la résistance. Desnos* aussi ; le typhus l'emportera au camp de Terezin, en Tchécoslovaquie. René Char*, autre résistant, a combattu sous le nom du capitaine Alexandre et s'en est retourné dans sa ville natale de L'Isle-sur-la-Sorgue, en Provence… Tzara se heurte à Breton lors d'une conférence qu'il tient à la Sorbonne (1947) où il s'en prend au surréalisme qu'il accuse de ne pas être assez engagé ; Aragon* devient un membre éminent du parti communiste ; Dalí* se convertit à tout ce qui peut servir sa promotion, comme la religion catholique officielle que les surréalistes ont toujours rejetée. Tout cela n'empêche pas Breton de continuer dans sa voie, et d'accepter (enfin) des femmes* dans le groupe, dont Joyce Mansour. Le surréalisme reçoit le renfort d'autres arrivants : Jean-Pierre Duprey, Julien Gracq*, André Pieyre de Mandiargues, Stanislas Rodansky. Mais on sent que son cœur n'est plus aussi ardent, malgré son volontarisme et sa détermination affichée. Les anciens, les pionniers, ont rejoint d'autres sphères, ou disparaissent, comme Artaud* (1948) et Éluard* (1952).

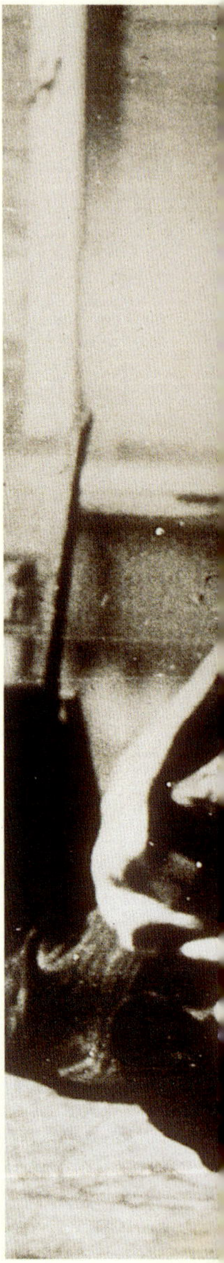

VERS *LE MONDE* ET LA FIN : 1950-1969

En 1951, Breton a vu des surréalistes persécutés par Staline – il a été parmi les dénonciateurs des procès staliniens de 1936 et 1937. Il achète alors une maison dans le Lot, à Saint-Cirq-la-Popie, où ses amis le rejoignent lors de ses séjours d'été. Trois ans avant, il a soutenu le mouvement de peinture COBRA (COpenhague,

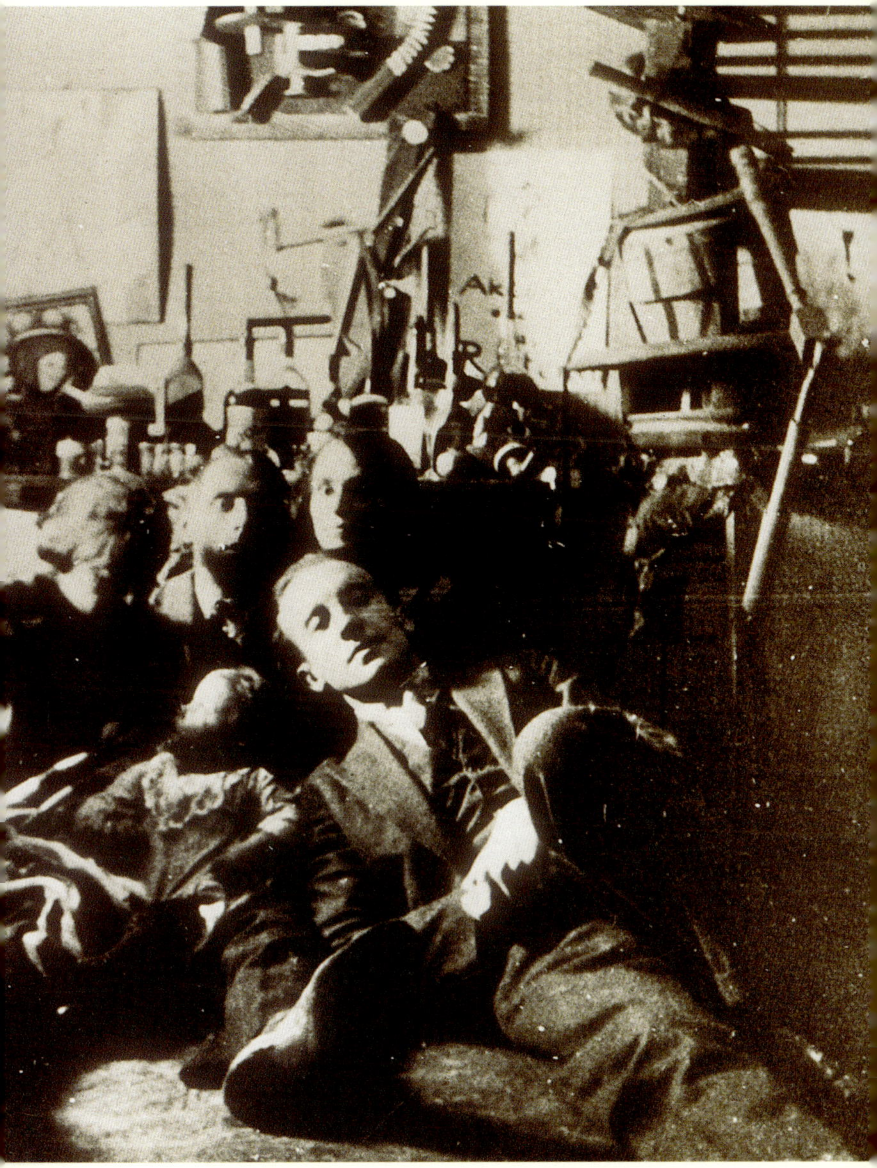

BRuxelle, Amsterdam), expression spontanée, et la Compagnie de l'art brut fondée par Jean Dubuffet, ces deux courants se réclamant d'un art* automatique*. Mais l'âme de la peinture surréaliste est ailleurs. Miró* n'est plus là, ni Masson* ; Ernst* est encore aux États-Unis ; Matta* est exclu du groupe, son départ entraînant celui de Brauner*. Les revues *Néon* (1948-1949) et *Médium,* informations surréalistes (1952-1953) tentent de rallumer la flamme surréaliste :

Paul Éluard, Gala et Max Ernst dans l'atelier de ce dernier à Cologne, 1920.

en dépit de l'enthousiasme de ses animateurs, il semble que les temps aient changé. On est passé à la notion « d'artiste engagé » proclamée par Sartre, principe auquel les surréalistes, que ce dernier a critiqué, se refusent toujours. L'homme n'est-il pas engagé par essence ?
En 1951, éclate une affaire digne de la grande époque. Michel Carrouges, catholique affiché et esprit brillant, a publié des textes sur le surréalisme qui ont retenu l'attention de Breton et du groupe, notamment sur l'attirance surréaliste pour l'occultisme et l'ésotérisme. Or, le surréaliste Henri Pastoureau accuse Carrouges de ne pas avoir retenu deux axes fondamentaux du surréalisme : sa dimension révolutionnaire* et son opposition au catholicisme. Breton, pressé de prendre parti, reproche à Hérold* de vouloir salir Carrouges en produisant des preuves (un tract défendant la religion). Hérold, pourtant sensible aux travaux de Carrouges, préfère quitter le groupe tout en restant surréaliste. Patrick Waldberg fait de même – il est l'auteur de plusieurs ouvrages fondamentaux sur le surréalisme. En 1952, Breton livre ses impressions et ses souvenirs dans une série d'*Entretiens* radiophoniques. Comme si l'aventure avait marqué un pas. Certes, les surréalistes continuent de protester, se prononçant contre l'intervention soviétique en Hongrie (1956), contre la guerre d'Indochine et celle d'Algérie. Des revues*, comme *La Brèche* (1961-1965), et des expositions* tentent de perpétuer l'âme surréaliste. Mais les créations majeures se font exceptionnelles, si ce n'est celles des compagnons de jadis. Ou encore l'influence exercée sur des écrivains comme Boris Vian, et des auteurs de chanson comme Charles Trenet.
Pourtant, le surréalisme a déjà imprimé les mentalités, apportant sa pierre à l'édifice d'un rêve collectif qui trouvera son point d'orgue dans les événements de Mai 1968, où les fameux slogans tels que « Sous les pavés la plage » ne sont pas sans rappeler des aphorismes de Desnos*. Deux générations après la naissance de *Littérature,* de jeunes révolutionnaires aspirent à la libération de l'homme, ambition à laquelle a contribué le surréalisme. Breton* n'a pas l'occasion de vivre cette époque. Malade et fatigué, il s'éteint le 28 septembre 1966, mouchant du même coup la flamme surréaliste désormais privée de sa tête pensante et organisatrice. La revue *L'Archibras* (1967-1969) essaiera de reprendre le flambeau, en vain. Le 4 octobre 1969, le quotidien *Le Monde* publie un véritable faire-part signé de Jean Schuster : « Le numéro 7 de *L'Archibras* est la dernière manifestation du surréalisme, en tant que mouvement organisé en France. »

Hugo Ball, récitant un poème au cabaret Voltaire à Zurich, 1918.

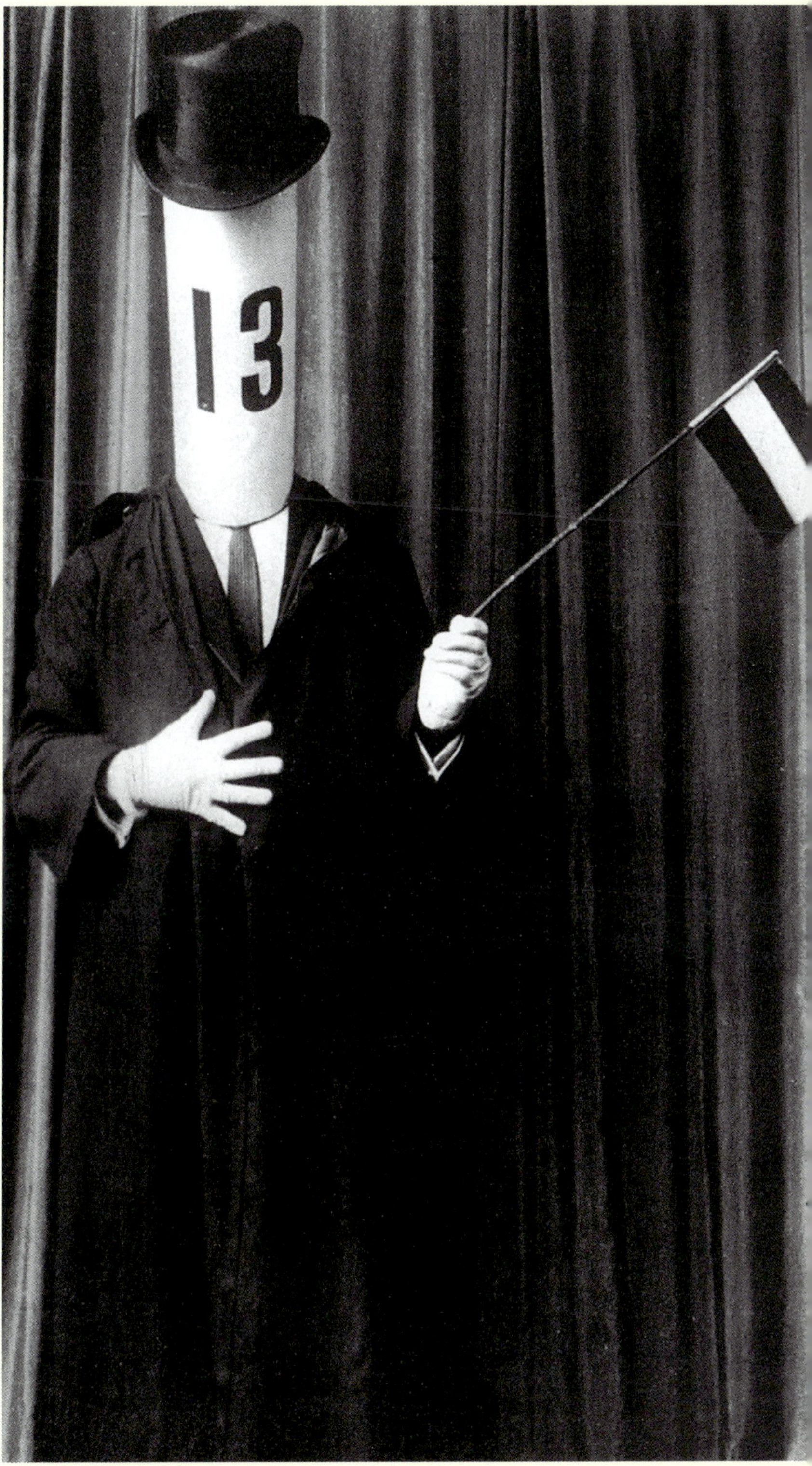
13

Je pense à toi mon Lou ton cœur est ma caserne
Mes sens sont tes chevaux ton souvenir est ma luzerne

Le ciel est plein ce soir de sabres d'éperons
Les canonniers s'en vont dans l'ombre lourds et prompts

Mais près de moi je vois sans cesse ton image
Ta bouche est la blessure ardente du courage

Nos fanfares éclatent dans la nuit comme ta voix
Quand je suis seul à cheval tu trottes près de moi

Nos 75 sont gracieux comme ton corps
Et tes cheveux sont fauves comme le feu d'un obus
qui éclate au nord.

Guillaume Apollinaire
IV, Poèmes à Lou

Âge d'or (L')

Le thème de l'âge d'or est évoqué par Breton* dans *L'Amour* fou* (1937) : il se conjugue au passé par la beauté et l'intensité de la nature qui existe déjà ; il est en nous par notre pouvoir de s'engager pleinement dans un amour « exemplaire » capable de vaincre la société ; il est de l'avenir si nous menons cet engagement à son terme. Dans cet ouvrage, Breton, logiquement, salue l'un des premiers films parlants, *L'Âge d'or* de Buñuel* sur un co-scénario de Dalí*, comme une « entreprise d'exaltation de l'amour total tel que je l'envisage ». De fait, cette œuvre, qui devait s'appeler *La bête andalouse,* est un cri de révolte* contre ce qui entrave l'individu, ce qui l'empêche d'éprouver le véritable amour absolu : la religion officielle, le conservatisme, les bons sentiments bourgeois, le nationalisme né au siècle précédent. C'est, en son temps, un brûlot « en rupture complète avec l'âge de boue que traverse [alors] l'Europe », précise Breton.

Présenté à Paris* en novembre 1930, le film déclenche aussitôt les foudres de l'extrême droite qui réagit violemment, criant au blasphème et à la pornographie. L'unique copie est saisie. La censure frappant la version originale ne sera levée qu'en 1980... après cinquante ans de projections dites « privées ».

L'Âge d'or est surréaliste en recourant à cet amour total mais aussi à l'érotisme qui insufflent aux deux héros (Lya Lys et Gaston Modot) la force de déranger les conventions et de continuer à s'aimer malgré la société répressive. Il l'est par son écriture automatique* que sert un humour corrosif et poétique, ce qui rend son récit délicat tant les scènes se succèdent comme des tableaux où perce parfois le jeu* du collage. De facture classique pour mieux montrer que l'avant-garde ne consiste pas qu'en un traitement novateur des images, il suscite « l'œil à l'état sauvage », formule de Breton (*Le Surréalisme et la peinture*).

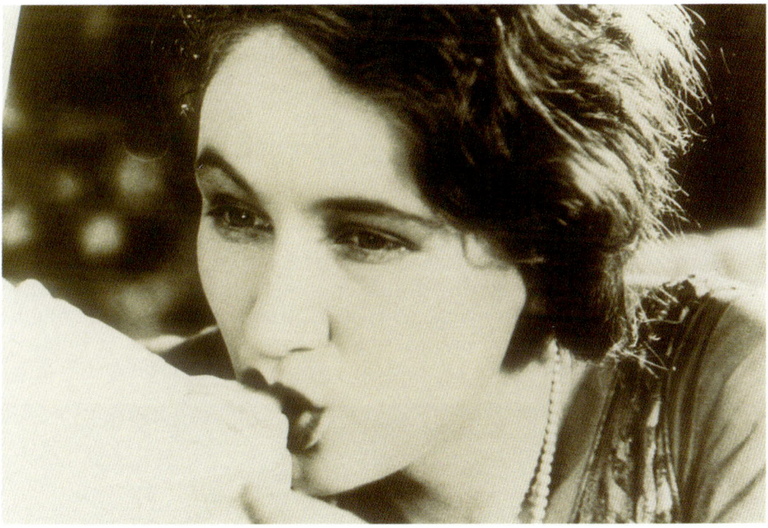

L'Âge d'or (1930) de Luis Buñuel.

Man Ray, Kiki de Montparnasse, vers 1926.

Amour

La raison de vivre

Au lendemain de la Grande Guerre, si la femme* a su, par sa volonté et son rôle, sortir quelque peu de son carcan social, les mœurs restent dictées par des règles strictes que le bouleversement de Mai 1968 remettra en question, notamment la censure – les femmes feront cependant l'objet d'une sorte de culte surréaliste, éloigné finalement de leurs préoccupations légitimes. Dans le surréalisme, l'amour, vu essentiellement par les hommes, ne ressort pas nécessairement de la beauté, critère suprême de la convention à laquelle la société le réduit trop souvent, mais de la transformation qu'il entraîne. Il est un moyen de s'évader du réel pour en appréhender un autre, de connaître, de découvrir et d'aboutir à une révélation, tout en obéissant au désir ; que celui-ci soit conscient ou le fruit du hasard, il doit être source de ravissement et de merveilleux. Indissociable de son pendant charnel, il est aussi un moyen de transgresser l'ordre, de se révolter, et s'affirme un thème surréaliste majeur que peintres et poètes traiteront selon leur personnalité et leurs choix artistiques.

De même que la sexualité*, l'amour fait très tôt l'objet d'une enquête afin d'en dégager le sens profond : en 1929, dans le douzième et dernier numéro de la revue* *La Révolution surréaliste.* Il est même le sujet d'une anthologie* de Péret* qui, rappelle Jean-Clarence Lambert, voit dans l'amour « sublime » un « sentiment qui comble toute la vie du sujet reconnaissant dans l'être aimé l'unique source de bonheur ». L'amour est le cœur d'un livre phare de Breton*, *L'Amour fou,* où l'auteur développe la notion de « hasard objectif » : à la suite d'une rencontre fortuite, « la nécessité extérieure se fraie un chemin dans l'inconscient humain ». On retrouve l'amour en acteur essentiel de *L'Âge* d'or* de Buñuel* et en ressort des grandes œuvres d'Éluard*. Dans le cœur du quasi « forçat

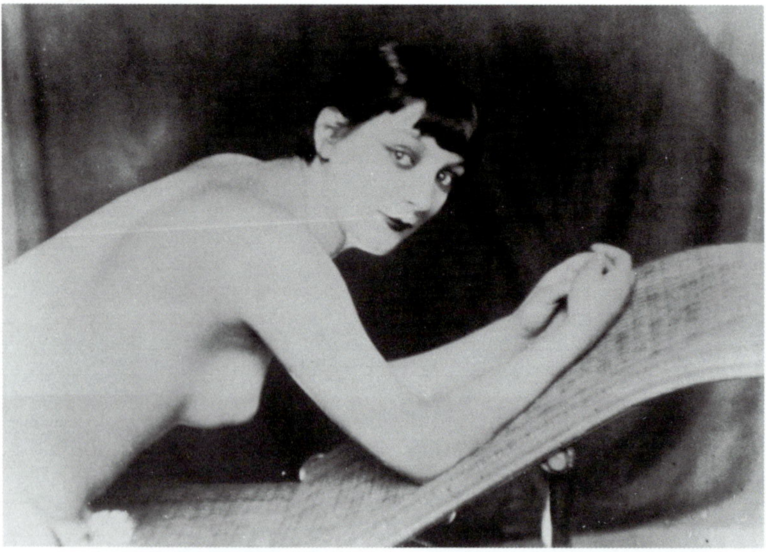

de l'amour» qu'avoua être Aragon*, chez Bellmer* et ses poupées provocantes, chez Dalí* obsédé par ses fantasmes couchés sur la toile, chez Picabia* et ses machines, chez Duchamp* et ses mariées. Dans le *Second Manifeste*,* Breton estime que l'homme doit mettre sa foi en la révolution*, mais aussi en l'amour. Le *Chant de l'amour* de De Chirico* séduit Magritte* qui s'engage alors dans la peinture. Man Ray* peint des amoureux ou photographie* le désir dans ses états les plus flagrants ; Vitrac* met au théâtre* *Les Mystères de l'amour*. Hérold* travaillait sur le cristal, dont la pureté n'était pas étrangère à l'amour qui conduisit toute sa vie. Leonora Carrington, âme fragile qui sombra dans la folie, fut un temps l'épouse d'Ernst*, un grand amoureux de tout. L'amour est partout, dans la vie et dans les œuvres, soudant les groupes qui, parfois, se déchirent lors des affaires qui ressemblent à de véritables crises amoureuses.

Char* peut conclure : l'homme surréaliste est contraint à « sa dévorante raison de vivre : l'amour ».

Ancêtres

Le panthéon mobile

La tradition consacre la naissance du surréalisme par le premier *Manifeste** de 1924, dans lequel Breton recense les artistes du groupe, ou plutôt les écrivains (pas de femmes*), qui « Ont fait acte de SURRÉALISME ABSOLU ». Il passe ensuite en revue les poètes de jadis et naguère, qui « pourraient passer pour surréalistes », une liste de véritables ancêtres de la famille surréaliste – même s'il s'en défend dans le *Second Manifeste* : « En matière de révolte, aucun de nous ne doit avoir besoin d'ancêtres. » Il ajoute en note : « Je pourrais en dire autant de quelques philosophes et de quelques peintres », dont Picasso, Braque, Duchamp, Picabia, De Chirico, Klee*, Man Ray, Ernst, Masson*. Un tri non exhaustif

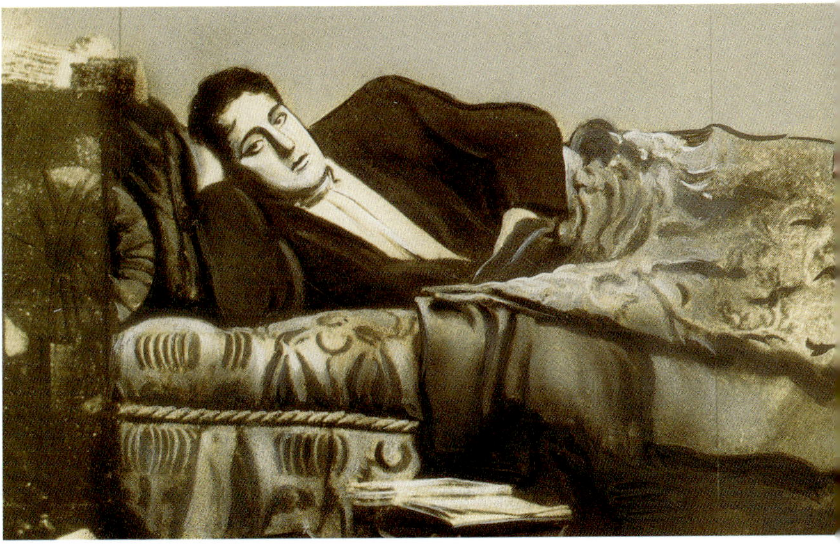

Guillaume Apollinaire.

« Je me connais à lire l'âge dans les lignes physiognomoniques du front : il a seize ans et quatre mois ! Il est beau comme la rétractibilité des serres des oiseaux rapaces ; ou encore, comme l'incertitude des mouvements musculaires dans les plaies des parties molles de la région cervicale postétieure ; ou plutôt, comme ce piège à rats perpétuel, toujours retendu par l'animal pris, qui peut prendre seul des rongeurs indéfiniment, et fonctionner même caché sous la paille ; et surtout, comme la rencontre fortuite sur la table de dissection d'une machine à coudre et d'un parapluie ! »

Lautréamont (Isidore Ducasse, comte de)
Les chants de Maldoror

puisqu'il se clôt par un « etc » (Breton y ajoutera d'autres noms dans l'avenir), mais une sélection sévère. Citons Dante, Shakespeare (« dans ses meilleurs jours »), Sade (« dans le sadisme »), Hugo (« quand il n'est pas bête »), Desbordes-Valmore (la seule femme, « surréaliste par amour* »), Poe, Baudelaire (« dans la morale »), Mallarmé, Jarry (« dans l'absinthe »), Vaché*, Reverdy*, Raymond Roussel, l'auteur des *Impressions d'Afrique,* œuvre très appréciée des surréalistes pour son humour désopilant... Breton n'y inclut pas Isidore Ducasse (Lautréamont) par un « manque de données ». L'auteur des *Chants de Maldoror* est pourtant l'un des plus importants ancêtres des surréalistes, avec Rimbaud mentionné comme « surréaliste dans la pratique de la vie et ailleurs ». Lautréamont, dont Aragon* et Breton goûtent la poésie flamboyante dès 1918, lorsqu'ils assurent des gardes à l'hôpital du Val-de-Grâce, à Paris* – *Littérature* publiera ses *Poésies.* Mort inconnu à vingt-quatre ans en 1870, Lautréamont est un mystère à lui seul, son existence comme son visage, et les surréalistes aiment son verbe haut et novateur, souvent automatique* et toujours dirigé droit vers le cœur. Lautréamont sent le soufre des grands esprits de la révolte*, et ils y adhèrent. Pour Rimbaud, ce sont le voyant, proche de l'automatisme (*Une Saison en enfer),* loué aussi par André Rolland de Renéville, du Grand* Jeu (*Rimbaud le Voyant*) ; le jeune homme qui, en si peu d'années, a pu écrire tant de merveilles dictées par un inconscient rebelle ; enfin, le trouble entourant une grande partie de sa vie, son départ pour l'Abyssinie. Le marquis de Sade, dont Gilbert Lély, surréaliste des années 1930 féru de sexualité*, fut un spécialiste, ne correspond pas *a priori* aux théories surréalistes, à commencer par la perversion sexuelle et les tortures, mais il emporte l'adhésion par sa nature révoltée, ses raisonnements sur la société décadente dont il est le fruit, le pouvoir d'un certain rêve* sur une réalité dégradante. Hérold* avec le jeu* de Marseille, Man Ray*, Bellmer*, Masson* ou Buñuel*, dans *L'Âge* d'or,* lui rendent hommage. Cette galerie ne serait pas complète sans Guillaume Apollinaire, mort en 1918, qui a créé le mot même de « surréaliste » à propos de sa pièce *Les Mamelles de Tirésias* représentée le 24 juin 1917 (voir p. 7). Il a rallié autour de lui les jeunes poètes de cette époque, dont Breton qui lui écrit, et Tzara* qui tente d'obtenir son parrainage pour Dada*.

Anthologies

Les surréalistes, amateurs de la littérature de leurs « ancêtres* » et de leurs contemporains, recourent souvent aux morceaux choisis pour illustrer tel ou tel propos ou événement. Il ne s'agit pas d'anthologies véritables, mais de supports. Ainsi, dans son *Anthologie de l'amour* sublime* (1956), Péret* développe ce thème très surréaliste, et écrit : « Deux types de femmes* me paraissent aptes à éprouver l'amour sublime, parce qu'elles incarnent deux aspects de la féminité aux traits nettement discernables les isolant de tous les types possibles : la femme-enfant et la sorcière. » Péret est aussi l'auteur de l'*Anthologie des mythes, légendes et contes populaires des Indiens d'Amérique* (parue en 1960).
Mais de ces publications émerge un travail particulier d'André Breton* : *L'Anthologie de l'humour noir,* qui a connu trois éditions à partir de 1940. La dernière, définitive, remonte à 1966 et rassemble quarante-cinq noms classés par chronologie, de Swift à Jean-Pierre Duprey en passant par Apollinaire, Péret ou Vaché* ; et deux femmes, Gisèle Prassinos (« femme-enfant » découverte par les surréalistes à quatorze ans) et Leonora Carrington, âme fragile et étrange. L'expression « humour noir », bien qu'employée par Huysmans en 1885, est reprise et amplifiée par Breton qui en donne une explication lors d'une conférence (octobre 1937). À ce titre, il est bien l'initiateur de cette « suprême puissance » de l'humour. Dans la préface de l'anthologie, il explique, s'appuyant sur Hegel (*Esthétique*) et Freud, que l'humour noir est « une manière d'interpréter le monde et d'exprimer la relation nécessaire de l'individu au monde » (Henri Béhar et Michel Carassou).

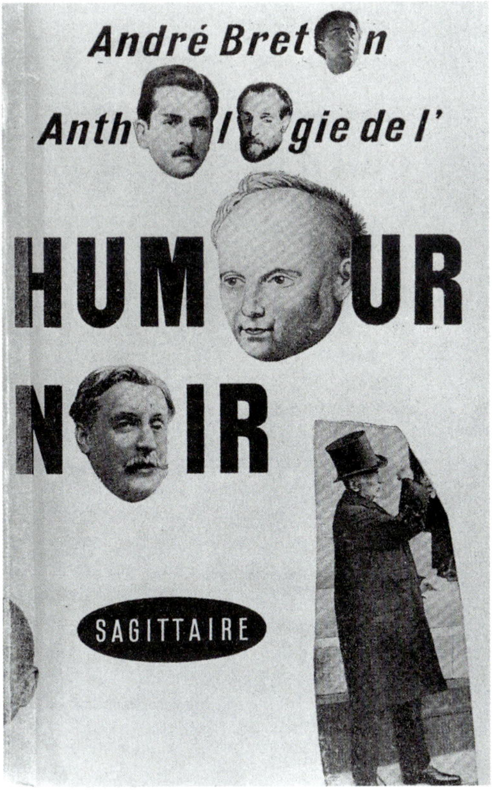

Couverture de l'*Anthologie de l'humour noir* d'André Breton. Editions du Sagittaire, Paris, 1950.

ARAGON (LOUIS)

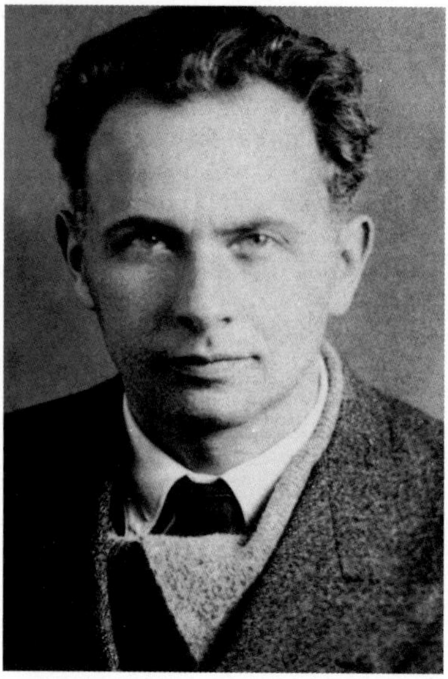

Le « forçat de l'amour »

Fils illégitime d'un député et ancien préfet de Police de Paris* (Louis Andrieux), élevé dans la famille (très féminine) de sa mère Marguerite Toucas-Massillon, Louis Aragon (1897-1982) se pique d'écriture dès l'âge de six ans. Infatigable lecteur, il entame des études de médecine en 1916 et fréquente la librairie d'Adrienne Monnier, dans le quartier de l'Odéon, où il rencontre Breton en 1917 – année où sa mère décide de ne plus se présenter comme sa sœur. Tous deux sont nommés internes au Val-de-Grâce où ils lisent Lautréamont (voir « ancêtres »). « Pour nous, la poésie, l'art*, avait cessé d'être une fin, devenait un moyen », écrira Aragon. La révolte* se structure. Aragon fait un bref séjour au front où il s'illustre, retrouve la vie civile après la guerre puis abandonne la médecine et fonde la revue* *Littérature* avec Breton et Soupault*. D'abord engagé dans Dada*, il est ensuite omniprésent dans le surréalisme, parfois en élément pondérateur de Breton auquel le lie une profonde amitié. Un engagement qui durera près de quinze ans. En 1927, Aragon adhère au PCF. Trois ans plus tard, il se rend en URSS avec Elsa Triolet, sa compagne (congrès de Kharkov). À son retour, il est tiraillé entre le marxisme et le surréalisme. Il publie *Front rouge,* poème qui lui vaut d'être inculpé en janvier 1932 pour « provocation au meurtre dans un but de propagande anarchiste ». Les surréalistes et des intellectuels se mobilisent : c'est « l'affaire Aragon ». Breton, en publiant *Misère de la poésie* qui s'en prend à la culture selon le PCF, amène son ami à réagir dans *L'Humanité* pour dénoncer ce texte (10 mars). Un tract assassin des surréalistes, *Paillasse,* marque la rupture.

L'œuvre surréaliste d'Aragon, tant dans son travail littéraire que dans son action au sein du groupe, est considérable. Il est l'un des tout premiers à découvrir Les *Champs* magnétiques* de Breton et Soupault (1919). Les revues, les manifestations, les voyages, les enquêtes, la poésie et son premier recueil (*Feu de joie,* 1919), les textes automatiques*, *Un* cadavre...* il a apporté sa touche personnelle, son élégance et son élan amical, mais aussi son style si fluide et réfléchi qu'il semble magique. Durant cette période, il vit des passions et une sexualité* totale où « Il n'y a pas un corps qui ne me porte à l'amour* » (*Le libertinage,* 1924). Il théorise entre autres sur le pouvoir du rêve*, sur l'écriture poétique, sur l'image « véhicule de l'humour » (*Traité du style,* 1926). En juillet 1926, paraît *Le Paysan de Paris,* où l'image, le réel et la ville, source de merveilleux, sont parmi les composantes du surréalisme dont Aragon, « forçat de l'amour », se réclame totalement.

Louis Aragon en 1935.

Arp (Hans)

La poésie, la peinture et la sculpture sont les trois domaines de l'œuvre de Hans (Jean) Arp (1887-1966), né en Alsace alors sous domination allemande. Avant la Grande Guerre, il participe à des mouvements d'avant-garde, dont le Blaue Reiter expressionniste de Kandinsky. Il rencontre aussi Ernst* à Cologne ou Apollinaire (voir « ancêtres ») à Paris*. Au début des hostilités, déchiré par la lutte entre ses deux pays la France et l'Allemagne, il préfère gagner la Suisse pour éviter de combattre l'un ou l'autre. À Zurich, il croise Tzara* et compte parmi les fondateurs de Dada*. Il fait aussi la connaissance de sa future femme*, la peintre abstrait Sophie Taeuber : une intense collaboration créatrice commence, marquée par des œuvres communes. Arp expose ses premiers collages constitués de papiers découpés et de tissus – il est également connu pour ses *Papiers déchirés* (1930). Ses formes, souples ou rectilignes et géométriques, sont libres, sans évoquer d'objets, au contraire des cubistes. Arp utilise aussi du bois pour élaborer des compositions polychromes, sorte de communion avec « le grand atelier de la nature » qui imprime tout son travail. Pour lui, son art* relève plus du concret que de l'abstraction. Il entend créer comme la nature qui produit sans référence à un quelconque objet. Parallèlement, il écrit des poèmes en français et en allemand, où se devine l'empreinte dadaïste : des mots déstructurés pour leur donner une vie nouvelle, une calligraphie déroutante. Mais une « poésie concrète », insiste-t-il. En 1925, Arp retrouve Paris et s'y installe. Le dadaïsme ayant vécu, il adhère au groupe surréaliste dont il se sent proche par le rêve* et le hasard, mais sans se mêler aux affaires ou se conformer aux théories littéraires, poursuivant son propre itinéraire dans la lignée dadaïste. Arp atteint une dimension supplémentaire avec la sculpture qui, dès 1930, année approximative de son éloignement des surréalistes, occupe une grande part de son inspiration. Il façonne des matières qu'il dote d'une sensualité débordante, rondeurs et courbes magnétisantes, comme l'illustre sa série des *Concrétions humaines* (1931-1937).

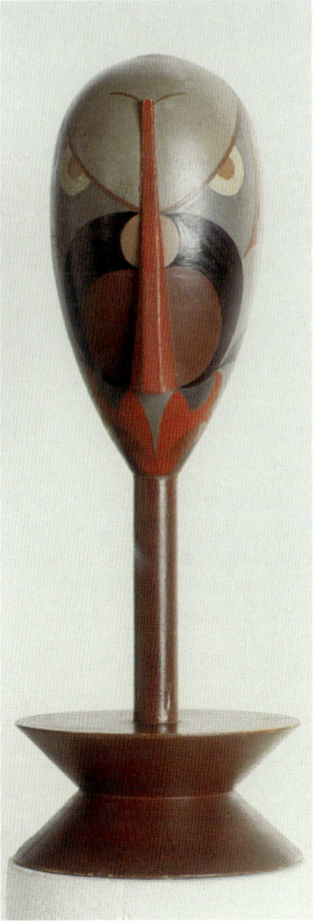

Sophie Taeuber-Arp, *Tête Dada, portrait de Hans Arp,* 1918. Coll. particulière.

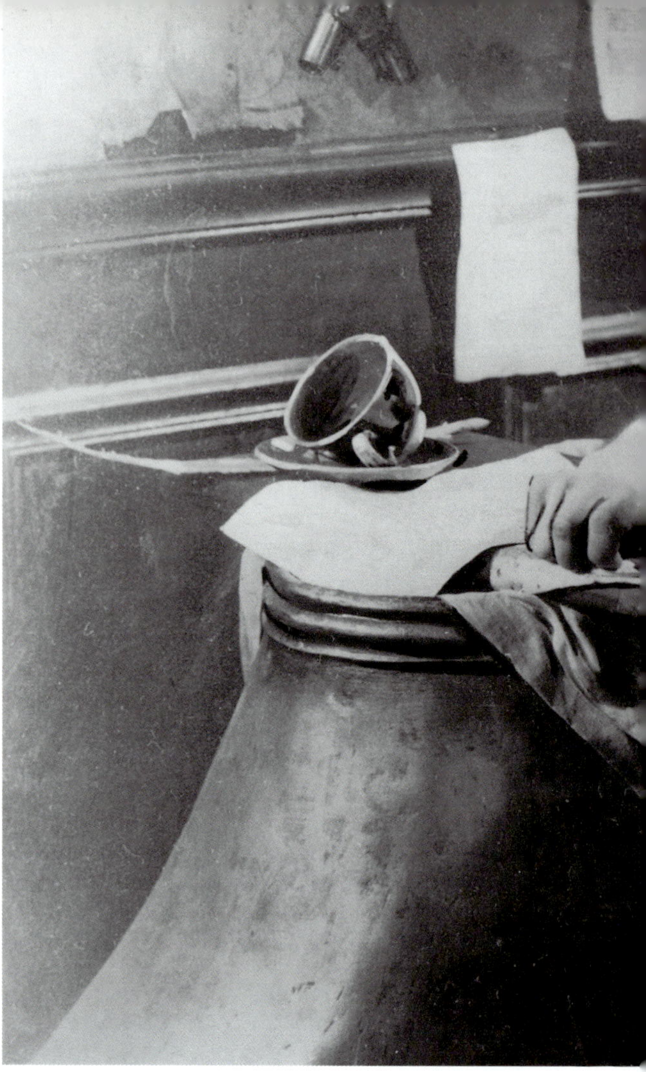

Antonin Artaud dans le rôle de Marat, *Napoléon* (1927) d'Abel Gance.

Artaud (Antonin)

«Je n'ai pas la voix pour faire ton éloge, grand frère», écrit René Char* à la mort d'Antonin Artaud (1896-1948). Artaud, nature décalée du monde, esprit fragile et tonitruant, laisse une œuvre colossale. «Artaud le Momo», le surnom qu'il se donna, fut un être pétri par les douleurs : une sorte de méningite à cinq ans qui le marque physiquement ; l'empreinte de la mort dès sa plus tendre enfance, les disparitions d'un frère et d'une sœur. Une violence intérieure servie par un verbe fort, précis, alerte, virevoltant, envoûtant, où se mêlent l'intransigeance et la souplesse que procure le rêve*, l'amour* et la révolte*, la lucidité de la plume et l'étrange qui l'habitait en permanence. Les rôles au cinéma*, dont le Marat du *Napoléon* d'Abel Gance (1927) ; l'acteur des planches qui joue chez les Pitoëff ou chez Dullin ; l'homme de théâtre* (*Le Théâtre et son double,* 1939) ; le poète de *Tric-trac du ciel* (1922), son premier recueil, ou de *L'ombilic des Limbes* (1925) ; le connaisseur de peinture qui aime Masson* ; le fou «soigné» aux électrochocs qui achèvent sa

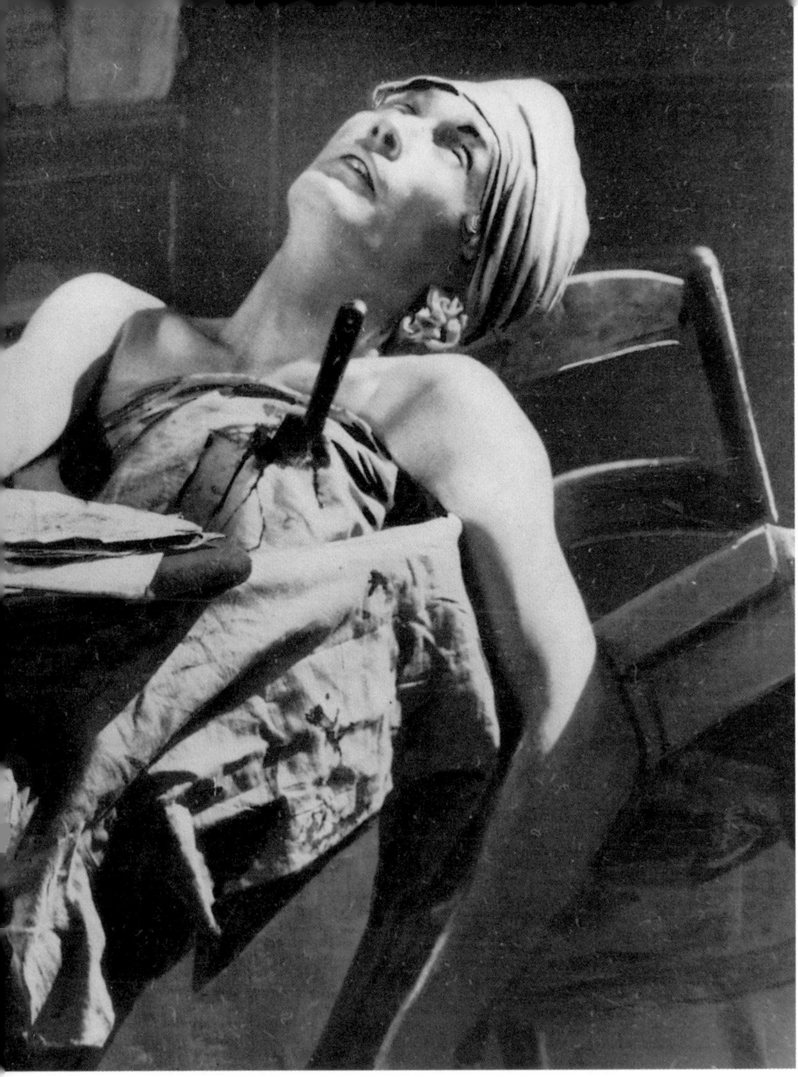

raison. Réformé de la Grande Guerre, Artaud se rend à Paris en 1920, rencontre les surréalistes en 1922 et adhère au groupe deux ans plus tard. Il dirige le Bureau de recherches surréalistes de la rue* de Grenelle, et le numéro 3 de la revue* *La Révolution surréaliste* gagné par sa violence. Mais Breton le démet de ses responsabilités, peut-être par crainte de la place qu'il prend. Artaud, qui apporte une indéniable fougue aux surréalistes, prend ses distances, désapprouvant, entre autres, leur engagement politique. Il est exclu en novembre 1926, avec Soupault*. Breton, Aragon, Éluard*, Péret* et Unik publient *Au grand jour* en avril 1927, pour expliquer cette décision. Artaud réplique avec *À la grande nuit, ou le Bluff surréaliste,* où il prône la révolution par l'esprit et le rêve afin d'« introduire de profondes transformations dans l'échelle des apparences ». En dépit d'un rapprochement, la rupture est définitive en juin 1928 quand les surréalistes tentent d'empêcher la représentation du *Songe* de Strindberg au théâtre Alfred-Jarry qu'il a fondé avec Roger Vitrac*. Breton les accuse de mercantilisme.

ART ET SURRÉALISME

Au cœur de l'âme

Faire du surréalisme un enfant de Dada*, comme certains auteurs le proposent, serait effectuer un raccourci dangereux. Si l'équipe de la revue* *Littérature,* Aragon, Breton et Soupault, est séduite par les dadaïstes de Suisse, au point que Breton souhaite la venue à Paris* de Tzara*, lequel s'y rend en 1920, le surréalisme, déjà en germe, va affirmer sa propre recherche artistique. Il va puiser dans ses réflexions, énoncées en partie dans les *Manifestes** où figurent les « ancêtres* », se nourrir d'influences comme celle de De Chirico*, expérimenter l'écriture automatique*, goûter à des cultures dont il se sent proche. Ainsi, Apollinaire (voir « ancêtres ») possédait déjà des masques africains, et Aragon, Breton, Desnos*, Éluard* et d'autres ont été captivés très tôt par ces représentations d'art traditionnel, non seulement pour des raisons esthétiques ou techniques, mais par le mystère et la symbolique qui les entourent. Cet intérêt s'est ensuite étendu aux arts océanien, antillais, inuit (appelé autrefois « esquimaux ») et amérindien (notamment les poupées magiques des Indiens Hopis et Zunis). La magie n'était pas absente avec le vaudou.
La vaste expérience ethnologique de Leiris*, bien qu'il ait alors quitté le surréalisme, ou l'*Anthologie* des mythes, légendes et contes populaires des Indiens d'Amérique* de Péret* montrent que les surréalistes se sentaient en affinité avec un monde où règnent les esprits et l'étrange, le rêve* sacralisé et une cosmogonie réinventée pour libérer l'homme de ses démons et de ses peurs. En 1928, Breton insiste d'ailleurs sur le rôle de la poésie et de la peinture (*Le Surréalisme et la peinture*) qui sollicitent notre inconscient, quelle que soit leur forme. La beauté et l'esthétique comptent moins que le pouvoir libérateur d'une œuvre, source de magie (*L'Art magique*, 1957, avec Gérard Legrand). Mais Breton ne fut pas le seul à raisonner : chaque artiste de son entourage, guidé en général dans le chemin surréaliste tant qu'il faisait partie du groupe, a donné naissance à un art particulier, de sorte qu'il est difficile de parler d'un « art surréaliste », plutôt des « arts de surréalistes ». Après avoir quitté le groupe, Masson*, Miró* et Ernst* qui inaugurèrent une peinture surréaliste, Aragon, Dalí*, Éluard, Hérold*, Tanguy* ou Vitrac* ont poursuivi leur travail en conformité avec leurs choix. Nous pouvons en déduire qu'il n'a pas existé d'art totalement surréaliste mais un art construit par les surréalistes, ne serait-ce que par l'apport de thèmes et de techniques nouvelles, comme les objets de Domínguez* ou les procédés de Man Ray*. Parallèlement, le cinéma*, la photographie* et le théâtre* n'ont pas été des arts proprement « surréalistes » ; il y eut des surréalistes cinéastes, photographes ou auteurs de théâtre.

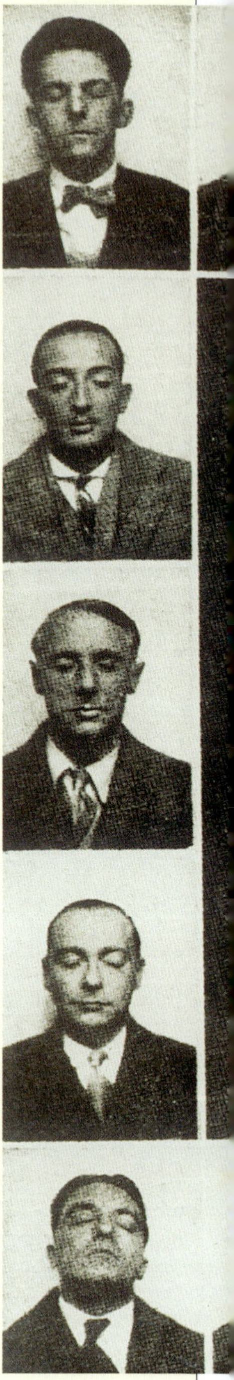

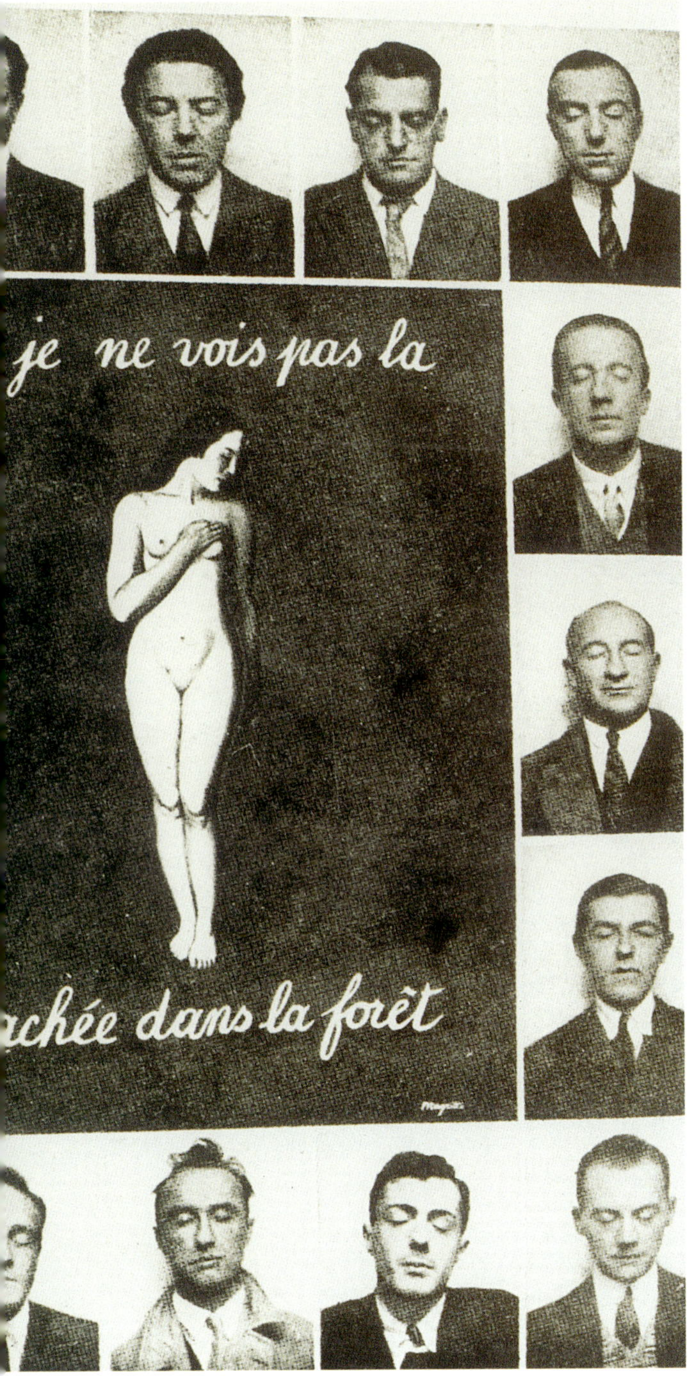

Photomontage autour d'une œuvre de René Magritte, reproduit dans *La révolution surréaliste,* n°12, 1929. M. Alexandre, L. Aragon, A. Breton, L. Buñuel, J. Caupenne, P. Éluard, M. Fournier, R. Magritte, A. Valentin, A. Thirion, Y. Tanguy, G. Sadoul, P. Nougé, C. Goemans, M. Ernst, S. Dalí.

AUTOMATIQUE, ÉCRITURE

L'écriture surréaliste est celle des mots mais aussi celle de l'image. La parole surgissant du fin fond de l'âme, donc échappant à la raison qui guide nos pas et nos décisions, n'est pas l'apanage du surréalisme ; l'automatisme préoccupait déjà le spiritisme du XIXe siècle qui cherchait à faire sortir des messages précis de l'inconscient ou d'entités non visibles.

Picabia*, avec ses machines, De Chirico* et sa période métaphysique, ou Duchamp* en concevant ses *ready-made*, ont exploré dès le début des années 1910 une forme de créativité surgie des profondeurs de l'être.

Le surréalisme, qui s'intéressait à tout ce qui touchait au paranormal, aux sciences cachées (occultes) telles que l'alchimie ou la magie, ou encore à la psychanalyse, a donné à l'automatisme une vigueur nouvelle et en a fait le cœur de son identité, comme l'illustre Les *Champs* magnétiques*, première œuvre surréaliste composée sans ratures et sans corrections en 1919 par Breton* et Soupault*.

Celui-ci expliquera en 1967 : « Au cours de nos recherches (qu'André Breton méditait pendant ses nuits d'insomnie), il me fit constater que "l'esprit dégagé de toutes les pressions critiques et des habitudes scolaires offrait des images et non des propositions logiques", et il m'affirmait que si nous acceptions d'adopter ce que le psychiatre Pierre Janet a appelé l'écriture automatique, nous pourrions noter des textes qui nous permettraient de décrire un univers inexploré. »

La psychanalyse et les théories de Freud sur les associations spontanées fournissent en effet à Breton la matière de ses recherches. D'où aussi les expériences sur le rêve* et le sommeil profond ou à demi entamé, ces états de conscience assoupie, de raison apaisée, d'où fusent des textes ou des visions surgis de l'intérieur, comme les dessins automatiques de Masson*, les spectacles offerts à Ernst* qui visite des mondes merveilleux avant de s'endormir complètement ou frotte des toiles pour les maculer de ses sensations les plus enfouies.

Sans oublier Domínguez* et ses objets, les élans poétiques et merveilleux d'Arp*, Matta*, Miró*. Mais un automatisme mis également au service de la révolution*, pour concourir à la libération de l'homme, sans qu'il y ait la moindre quête d'esthétique. Il fallait changer la vie et le monde, extirper de la pensée ses rouages les plus secrets qui dictent les mots ou les images, afin de ne laisser que des écrits et des traits puissants, d'éradiquer la « littérature » et la peinture fades et conventionnelles. Artaud* animé par une folie créatrice et convaincante, Desnos* très prolixe lorsqu'il dormait, ou encore Vitrac* et son théâtre* s'y sont employé. Malgré l'apport important de l'automatisme dans l'histoire de l'art du XXe siècle, l'influence qu'il a exercé sur des peintres comme Jackson Pollock, le monde n'a que très peu changé.

« Chaque chose est à sa place, et personne ne peut plus parler : chaque sens se paralysait et des aveugles étaient plus dignes que nous.
On nous a fait visiter des manufactures de rêves à bon marché et les magasins remplis de drames obscurs. C'était un cinéma magnifique où les rôles étaient tenus par d'anciens amis. Nous les perdions de vue et nous allions les retrouver toujours à cette même place. Ils nous donnaient des friandises pourries et nous leur racontions nos bonheurs ébauchés. Leurs yeux fixés sur nous, ils parlaient : peut-on vraiment se souvenir de ces paroles ignobles, de leurs chants endormis ?
Nous leur avons donné notre cœur qui n'était qu'une chanson pâle. »

… « Suspendues à nos bouches, les jolies expressions trouvées dans les lettres n'ont visiblement rien à craindre des diabolos de nos cœurs, qui nous reviennent de si haut que leurs coups sont incomptables.
C'est à la lueur d'un fil de platine que l'on traverse cette gorge bleuâtre au fond de laquelle séjournent des cadavres d'arbres rompus et d'où monte l'odeur des créosotes qu'on dit bonne pour la santé. »

André Breton et Philippe Soupault
Les Champs magnétiques (extrait)

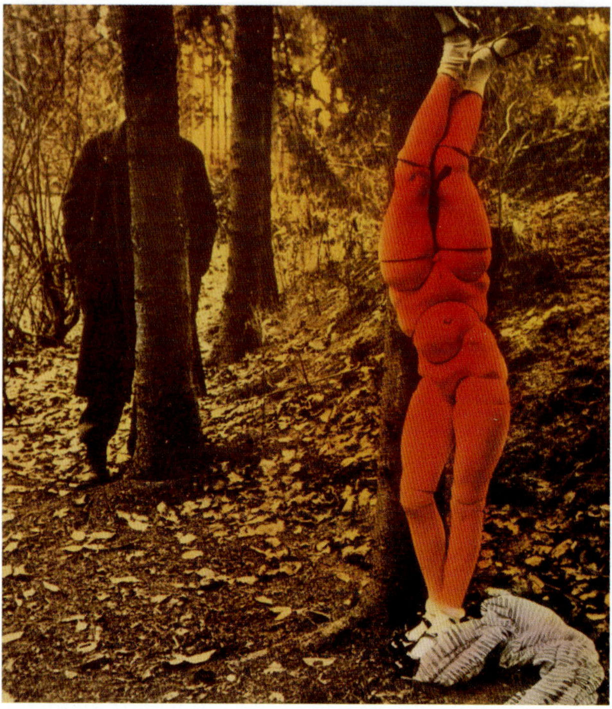

Hans Bellmer, *Les Jeux de la poupée,* 1939.

Bellmer (Hans)

Formé au métier d'ingénieur, volonté de son père, créateur de dessins publicitaires, Hans Bellmer (1902-1975), né en Silésie allemande, trouve en 1932-1933 le thème qui fera sa renommée : la poupée. Un être en pièces détachées, modifiable et adaptable presque à l'infini, aux positions les plus lascives et provocatrices – dans son livre *La Poupée,* publié en 1936 chez Guy Lévis Mano, Bellmer racontera que les explorations charnelles avec sa cousine Ursula furent le ferment de ce travail. En 1935, la revue* *Minotaure* publie *Variations sur le montage d'une mineure articulée,* des photos de ce mannequin, et Bellmer, forcé de quitter l'Allemagne sous la pression des nazis, gagne Paris* où il rejoint les surréalistes. Malgré de grandes difficultés matérielles, il poursuit son œuvre au travers des poupées mais aussi, trait essentiel de sa recherche, de dessins et d'illustrations qui révèlent le passé d'élève ingénieur et de graphiste publicitaire. Le trait, maîtrisé et sûr, crée des formes d'un érotisme parfois torride. Bellmer utilise des matériaux réels, comme le bois ou la brique, pour les tordre, les malmener et aboutir à une forme au service de l'amour* et du désir le plus ardent. « Le corps est comparable à une phrase qui nous inviterait à la désarticuler, pour que se recomposent, à travers une série d'anagrammes sans fin, ses contenus véritables », écrit-il dans *Anatomie de l'image ou Petite anatomie de l'inconscient physique* (1957), le condensé de sa démarche. L'anagramme, jeu* apprécié des surréalistes, est pour Bellmer l'occasion de montrer que le corps peut être désarticulé et recomposé au même titre que les mots. Il s'y adonne avec Nora Mitrani (*Rose au cœur violet*) et sa femme* Unica

Zürn, âme écorchée par ses tourments qu'elle livre dans *L'Homme-Jasmin* (1971).

Brauner (Victor)

Peintre né en Roumanie comme son ami Hérold*, Victor Brauner (1903-1966) fonde en 1924, à Bucarest, la revue* *75 HP* avec le poète Ilarie Voronca : tous deux sont, dans l'unique numéro de cette revue, les promoteurs de la « picto-poésie », mariage de la poésie et de la peinture qui entrent ensemble dans une recherche dépassant le réel, le tangible. Brauner y parle même de « surrationalisme ». Pourtant, il n'a pas lu le premier *Manifeste* du surréalisme* de Breton, paru la même année. Il ne se rapproche du groupe surréaliste, sans toutefois s'y fondre vraiment, qu'à partir de son séjour à Paris* (1930-1934), où il s'est déjà rendu. Cette période parisienne voit la naissance d'une toile prémonitoire, *Autoportrait à l'œil énucléé* (1931), qui n'est pas sans rappeler De Chirico* et son portrait d'Apollinaire, ou Buñuel*. En effet, après être retourné en Roumanie, Brauner retrouve Paris en 1938. Un soir, il tente de s'interposer dans une dispute entre surréalistes ; Domínguez*, l'un des protagonistes, lance un verre qui atteint et crève son œil gauche ! Cet épisode est révélateur de l'œuvre de Brauner, angoissante, empreinte de mystère et d'une sorte d'alchimie qu'il voulait transmettre au travers de corps déstructurés pour mieux les recréer. Dans sa série des *Chimères* (1939 et 1940) transparaît ce climat obsédant et inquiétant. Réfugié en France pendant la guerre, Brauner quitte le groupe surréaliste en 1948 – ou plutôt est exclu par Breton pour avoir refusé l'exclusion de Matta*. Patrick Waldberg, qui le qualifia de « piégeur de chimères », a dit de lui : « Nul n'a tenté aussi désespérément que Brauner de donner à son art le pouvoir d'une magie. »

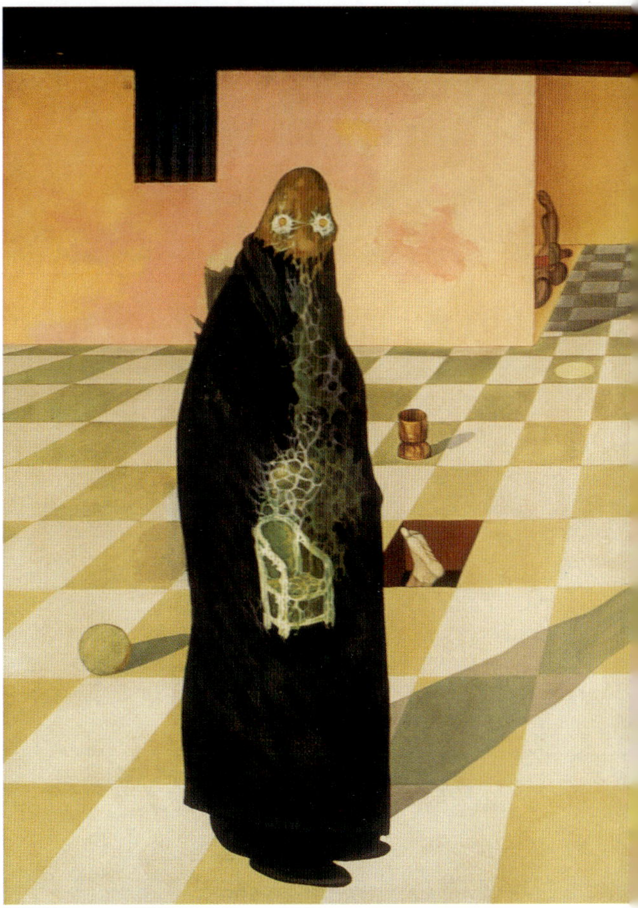

Victor Brauner, *Kabyline en mouvement,* 1933. Huile sur toile, 91 x 63. Collection particulière.

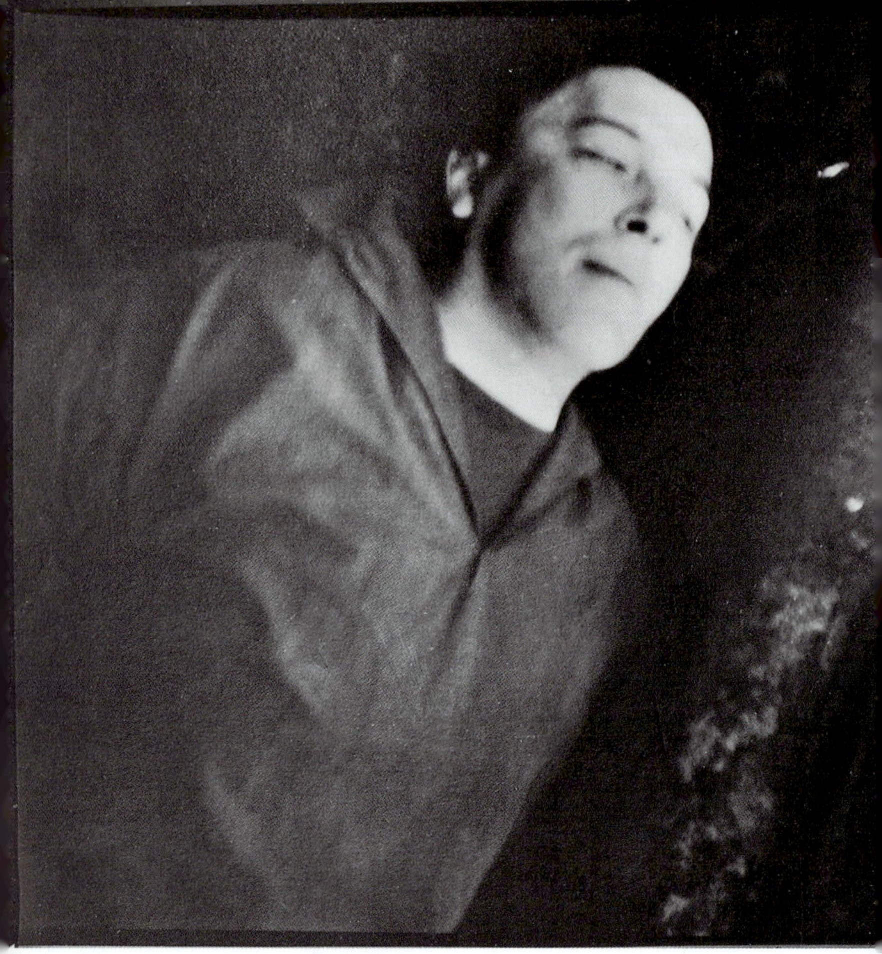

BRETON (ANDRÉ)

Grand homme de la littérature et ressort de l'art* du XXe siècle, pour les uns ; dictateur et mystificateur aux écrits ennuyeux, pour les autres : André Breton (1896-1966), passionné lui-même, a suscité de son vivant les passions les plus extrêmes. C'est au lycée Chaptal (1906-1912), à Paris*, qu'il rencontre la poésie, surtout Mallarmé (voir « ancêtres ») qui lui inspire ses premiers textes publiés dans la revue* *La Phalange* en août 1914.

Un mariage total et permanent qui lui procurera l'énergie de surmonter les doutes ou les crises tant privées que publiques. Breton s'intéresse aussi aux peintres de son temps et condensera ses vues sur la peinture dans une somme élaborée de 1925 à 1965, *Le Surréalisme et la peinture*. Tout en poursuivant des études de médecine, il rencontre Paul Valéry (1914). Mobilisé en 1915, il peut juger de l'absurdité et de l'horreur de la guerre, avant d'être muté au service de santé et de rejoindre Nantes où sa route croise celle de Vaché* qui lui fait prendre conscience de la valeur salvatrice de l'humour.

Un événement déterminant qui le conforte dans son engagement poétique. À Paris, au Val-de-Grâce, Breton se délecte avec Aragon* des lectures de Lautréamont. Puis, il fait la connaissance de Soupault*, symbiose d'esprits qui produisent Les *Champs* magnétiques*

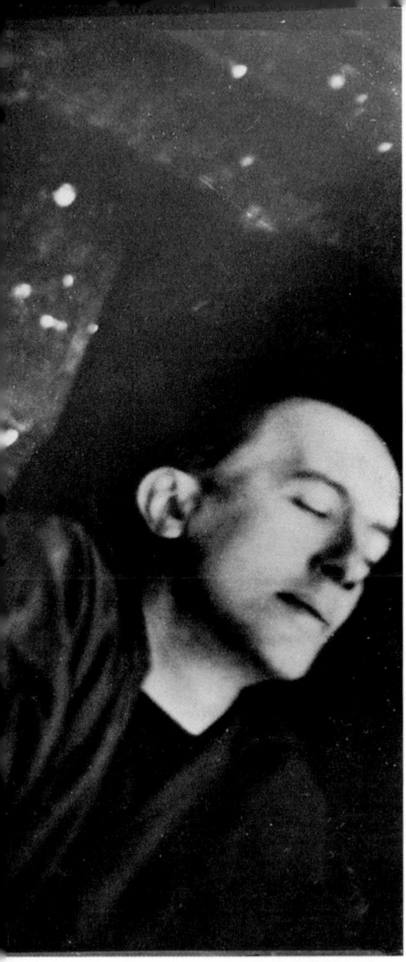

Valentine Hugo, André Breton et Paul Éluard, 1931.

(1919), premier texte d'écriture automatique*, première œuvre surréaliste.
Dada* et les affaires, les revues* et les *Manifestes**, les groupes et les expositions*, la politique* et la révolution*, l'art* et les rêves*, la guerre et New York, les enquêtes et les jeux*, les anthologies*... de 1919 à sa mort, Breton sera omniprésent. Tout en menant, à côté de son travail théorique sur le surréalisme et la poésie, une œuvre personnelle, tous deux s'entremêlant, tant sa vie intérieure et son existence furent irréductibles à son rôle.
Provocateur et parfois violent, directif et exigeant, acerbe et dur envers ceux qui l'ont quitté, puis souvent élogieux quand le temps a pansé les blessures de la déception, Breton était aussi tourné vers la liberté et l'amour* et n'hésitait pas à recourir à des épisodes personnels pour illustrer un propos, sans pour autant recourir à l'autobiographie.
La notion de rencontre est très tôt inscrite dans son monde : le récit *Nadja* (1928), assorti de photographies* qui évitent « toute description », précise Breton, est fondé sur une vraie rencontre qui fait pourtant basculer dans le rêve. Breton s'est nourri durant la Grande Guerre des écrits de Freud ; aussi, le réel marié à l'imaginaire est la matière de *L'Amour fou* (1937), autre récit d'une autre rencontre, où la poésie rejoint l'existence et s'y fond jusqu'à en commander les rouages, l'inconscient commandant le désir.
Les Vases communicants (1932) font également appel au désir en tant qu'arbitre et guide des intentions les plus secrètes et qui nous surprennent. Mais la poésie est présente partout, particulièrement dans son travail purement poétique : *Mont de piété* (1919) où se lit l'influence de Reverdy*, *Poèmes* (1948), première anthologie, *L'Air de l'eau* (1934), les poèmes automatiques en prose de *Poisson soluble* (1924), où « des mots lui viennent, comme la limaille à l'aimant, d'autres lui restent mystérieusement interdits », commente Gracq*. Breton ne cesse non plus de collaborer avec des membres du groupe, Éluard*, Miró* ou Char*.
En 1952, paraissent les *Entretiens*, suite de discussions radiophoniques et véritable mine de renseignements sur l'homme et le surréalisme. Breton repose au cimetière des Batignolles, près de Péret*, son plus fidèle compagnon.

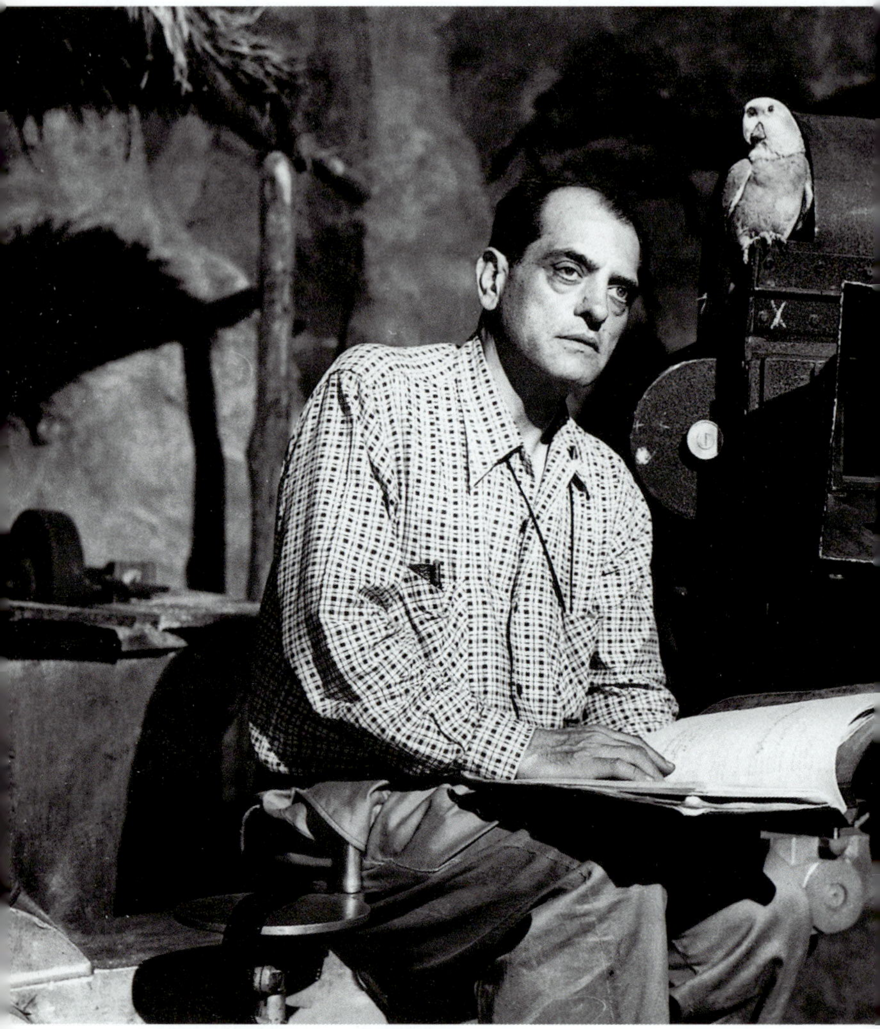

Luis Buñuel sur un tournage.

Buñuel (Luis)

Né en Espagne, marqué par son éducation auprès de sévères jésuites, même s'il utilisera la symbolique chrétienne et conservera des amitiés parmi des clercs, Luis Buñuel (1900-1983) est le grand artisan du surréalisme au cinéma*. En 1917, à Madrid, il rencontre Dalí* et le poète Federico García Lorca, se familiarise avec la culture avant-gardiste. Il vient à Paris* en 1924, lit les revues* et le *Manifeste** surréalistes, puis écrit avec Dalí son premier film (muet), volontiers scandaleux pour l'époque, *Un chien andalou* (1928), dont le prélude est resté célèbre : une lame de rasoir glisse sur l'œil d'une jeune femme et le fend. Cette œuvre courte, que Breton salue en 1929, condense ce qui caractérise le travail inclassable et cohérent de Buñuel : une écriture personnelle, le sommeil et son produit le rêve*, l'amour*,

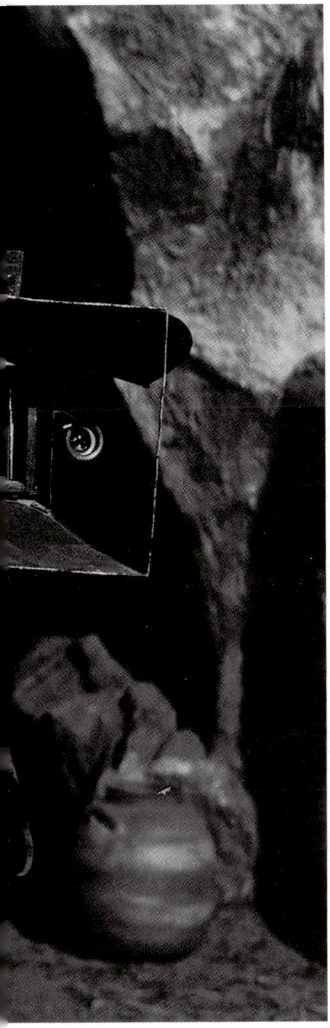

la sexualité* (*Belle de jour*, 1967), la révolte* et l'audace (Buñuel se méfie du mot « avant-garde »), la dénonciation des hypocrisies religieuses, bourgeoises et politiques* d'une société courant à sa perte (*L'Ange exterminateur*, 1962), la part de Sade (voir « ancêtres ») que nous possédons tous (*El*, 1952). Après *L'Âge* d'or* (1930), financé par le vicomte de Noailles que Cocteau a présenté à Buñuel, le terrifiant documentaire *Las Hurdes* (*Terre sans pain*, 1932), sur la misère des paysans de la région désolée de Salamanque, devient surréaliste à force d'être réel. Buñuel ne cherche pas à recourir aux effets de caméra ; il n'aime pas les films de « cadrage », dit-il dans la revue *Arts* (1955) : la simplicité est préférable à « un plan superbe et très savant ». Le public ne s'y trompe pas en saluant *Los Olvidados* (*Les Réprouvés*, couronné à Cannes, 1951). Il le suivra jusqu'à *Cet obscur objet du désir* (1977), fruit de sa collaboration avec Jean-Claude Carrière, qu'il considérait comme « l'écrivain » de ses derniers films.

Champs magnétiques (Les)

Dans le premier *Manifeste** (1924), André Breton* qualifie *Les Champs magnétiques* de « premier ouvrage purement surréaliste ». Pour situer l'état d'esprit qui présida à l'élaboration de cette œuvre, Breton précise que « Les mots, les images ne s'offrent que comme tremplins à l'esprit de celui qui écoute ». Le titre fait d'emblée référence à des forces qui communiquent sans entraves, des énergies libres, mais aussi à la science souvent utilisée par les surréalistes, notamment Breton qui a suivi des études de médecine. Cette œuvre devait d'ailleurs s'intituler *Les Précipités*, autre allusion à la science mais qui faisait sans doute référence à une matière trop palpable.

Philippe Soupault* et Breton composent de concert cet ensemble de textes durant le printemps 1919, en appliquant le principe de l'écriture automatique* – ils commettent d'autres textes, dont deux pièces de théâtre*, *Vous m'oublierez* et

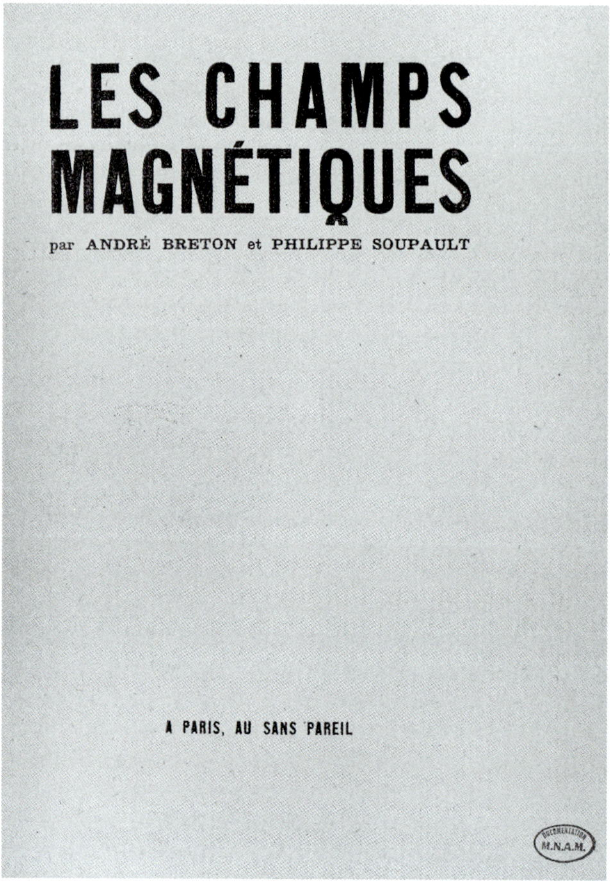
LES CHAMPS MAGNÉTIQUES

par ANDRÉ BRETON et PHILIPPE SOUPAULT

A PARIS, AU SANS PAREIL

M.N.A.M.

Couverture des *Champs magnétiques,* André Breton et Philippe Soupault. Éd. à Paris, Au Sans Pareil, 1920.

S'il vous plaît. Le mot « champs » renvoie, selon Philippe Audouin, aux *Chants de Maldoror* de Lautréamont, dont le style est ensorcelant et envoûtant (voir « ancêtres »). *Les Champs magnétiques* se composent en effet de neuf « dictées », terme employé par Soupault*, qui recourent chacune à des vitesses d'écriture différentes afin de montrer la capacité qu'ont les mots à créer des « étincelles » (Breton, 1930). Mais ils renferment aussi des électrons devenus libres, ceux d'une génération qui a donné son sang pour une guerre profitant à d'autres, des « êtres hagards et forcenés, non seulement corvéables mais pouvant être décimés à merci », dit Breton dans ses *Entretiens* (1952).

Char (René)

Né à l'Isle-sur-la-Sorgue que domine le mont Ventoux, où serpente un réseau de rivières apaisantes et vivifiantes, René Char (1907-1988) est viscéralement attaché à cette ville provençale et sa région. Il loue à de multiples reprises ce « lieu pour la poésie » (Jean-Claude Mathieu) où il puise la « transparence » qui alimentera entre autres son œuvre, thème prisé des surréalistes. La Sorgue est cette « rivière des égards au

songe [...] des pouvoirs transmis [...] au cœur jamais détruit. » Éluard*, qui découvre en 1929 son recueil de poésie *Arsenal*, lui rend visite ; les deux hommes se lient d'amitié et Char écrira à la mort d'Éluard (1952) : « Nous nous adressions dérisoirement des livres, comme d'anciens jumeaux fendus, mais qui s'estiment, savent et communiquent doucement... Misère ! »
Char se rend à Paris, rencontre les surréalistes auxquels il va transmettre la limpidité de ses mots. En 1930, désormais intégré au groupe, il compose avec Breton* et Éluard, *Ralentir travaux,* un recueil de trente-deux poèmes. Mais il garde ses distances et s'éloigne volontairement des surréalistes à partir de 1934, notamment par désaccord avec leur engagement politique* communiste, même s'il s'affirme un homme de combat et de courage. Grand résistant

Albert Camus et René Char dans le Vaucluse.

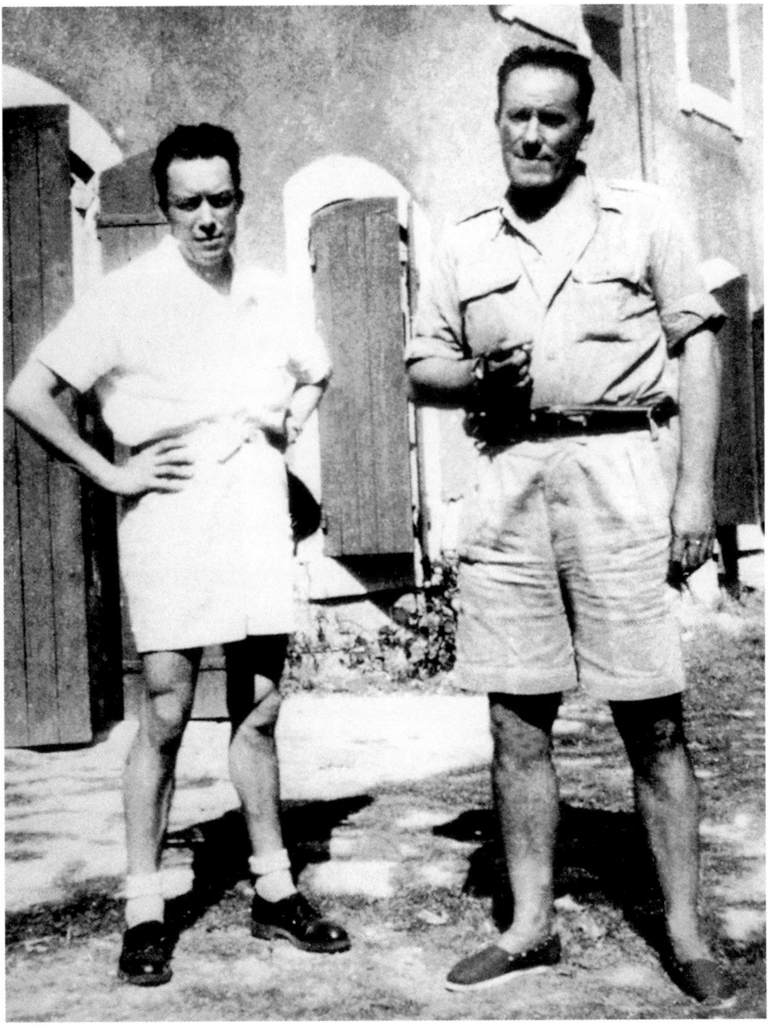

durant la guerre, il retourne ensuite à l'Isle-sur-la-Sorgue où sa « part la plus active est devenue... l'absence », écrit-il à Breton* en 1947. Dans cette lettre, évoquant sa période surréaliste, il fait part de son « affection durable pour ce grand moment de ma vie qui ne connut jamais d'adieu, seulement les mutations conformes à notre nature et au temps ». Char fut proche de Crevel*, d'Artaud* et de Maurice Blanchot, mais également de quelques peintres, laissant de très beaux textes sur Brauner*, Ernst* ou encore Lam* et Miró*.

Chirico (Giorgio De)

L'Italien Giorgio De Chirico (1888-1978) est le concepteur de la *pittura metafisica* (la peinture métaphysique) principe défini durant la Grande Guerre où il est mobilisé en Italie avec son frère, Emilio Savinio (Andrea De Chirico), peintre et poète qui sera engagé dans le surréalisme. « C'est la tranquillité même et la beauté insensée de la matière qui m'apparaît métaphysique », dira-t-il dans ses *Mémoires* (1965). Cette peinture, qui couvre les années 1910 à 1919,

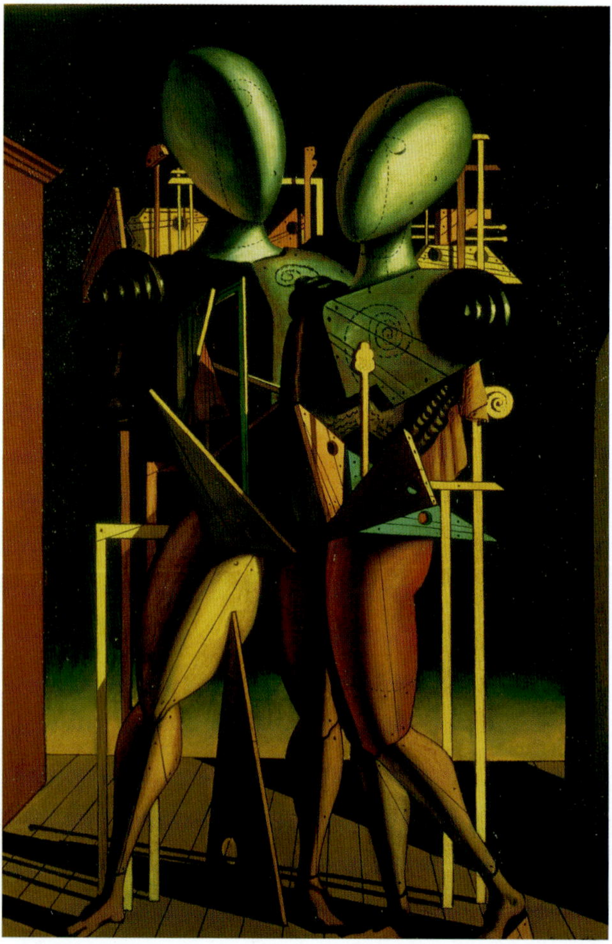

Giorgio De Chirico, *Hector et Andromaque,* 1916/1940. Huile sur toile, 100 x 70,5. Collection particulière.

est saluée par Apollinaire (voir «ancêtres») qui y voit un chemin nouveau et qui, dans la revue* *Les Arts* (1914), fait publier un article du poète et plasticien italien Ardengo Soffici. Celui-ci écrit : «On pourrait la [peinture] définir, une écriture du songe. Au moyen de fuites presque infinies d'arcades et de façades de grandes lignes droites ; de masses immanentes de couleurs simples ; de clairs-obscurs quasi funéraires, il arrive à exprimer, en fait, ce sens de vastitude, de solitude, d'immobilité, d'extase, que produisent parfois quelques spectacles de souvenir dans notre âme quand elle s'endort.» Soucieux de perfection, comme il le soulignera dans ses *Mémoires,* De Chirico centre son propos pictural sur l'énigme, jeu* de l'esprit soumis au vide de la toile, et titre d'une série de tableaux. Il peint aussi une suite de mannequins, des aliments qui se conservent longtemps, des silhouettes ou des ombres, comme pour souligner l'intemporalité de son univers personnel.

Il n'est pas étonnant que les surréalistes soient séduits, voire impressionnés par son travail qui semble tout droit sorti d'un rêve*, un monde à part qui suit le nôtre, une autre physique de l'espace, du temps et de la matière. Breton, Delvaux, Magritte et Tanguy reçoivent un véritable choc en découvrant pour la première fois l'une de ses œuvres. Pour Breton, c'est *Le Cerveau de l'enfant* peint en 1914 : il le découvre deux ans plus tard et finit par l'acquérir ; il trônera longtemps chez lui, rue* Fontaine. De Chirico est proche du groupe à partir de 1920 sans toutefois s'y intégrer, privilégiant sa propre recherche ; Ernst* réalise une sorte d'hommage, *Pietà ou la Révolution la nuit* (1923). Le divorce intervient en 1928, lorsque De Chirico choisit d'explorer les trésors picturaux du passé. Les surréalistes de Paris* consacrent une exposition de ses œuvres métaphysiques, dont le catalogue porte le titre évocateur de *Ci-gît Giorgio De Chirico.* En préface, Aragon salue dans cette période la naissance d'une véritable mythologie, et déplore la mort symbolique de cet artiste. De Chirico ne retrouvera plus la veine de sa grande époque métaphysique qui avait tant nourri les surréalistes.

Cinéma

Pour les surréalistes, le cinéma représenta un formidable moyen de révolte*, de dépassement de la réalité pour mieux en montrer les travers et permettre la libération de l'être humain, principe même du groupe. Ado Kyrou estime ainsi que le cinéma est «d'essence surréaliste». Mais quel cinéma ? En 1919, Aragon et Breton s'enthousiasment pour les dix épisodes des *Vampires* (1915-1916) de Louis Feuillade, auteur de la série des *Fantômas.* Quatre ans plus tôt, à Nantes, Breton a hanté des salles obscures avec Vaché*, pour se griser de sensations, un souvenir qu'il dira «magnétisant». Le cinéma est alors un art neuf (vingt ans) : il a le même âge que la plupart des surréalistes ! Il est encore muet, donc propice au rêve, à l'interprétation que pourrait empêcher la parole qui impose trop souvent une situation en lui retirant son pouvoir de suggestion. Des précurseurs comme Méliès ont introduit un imaginaire et des procédés poétiques en rupture avec le conformisme déjà présent dans le cinéma.

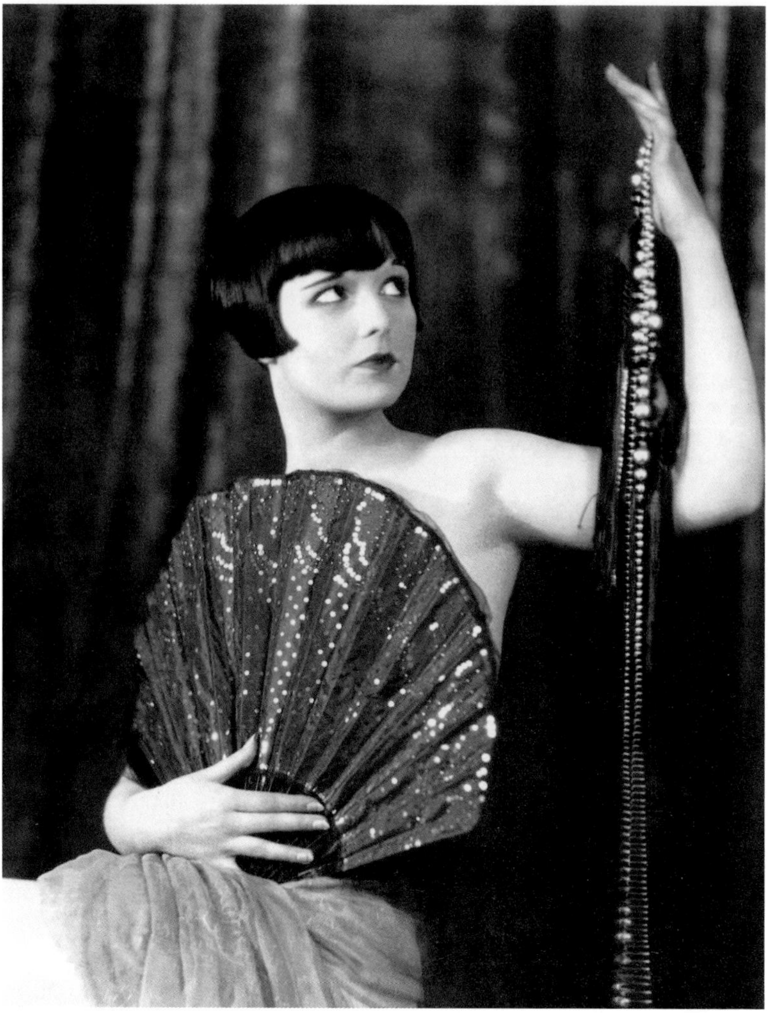

Louise Brooks.

Mais la Grande Guerre a bouleversé les mentalités. Dix ans après l'Armistice, Aragon* et Breton* écrivent *Le Trésor des jésuites,* pièce dont un personnage est dédié à l'interprète féminine des *Vampires,* Musidora, la « vamp ». Ils y avouent leur penchant pour ces « cinéfeuilletons », ces œuvres en apparence anodines, qui dispensent une poésie accessible à tous, se démarquent des films encensés par la culture bourgeoise et officielle. Un cinéma « Au-delà de la mode, au-delà du goût ».
L'instinct provocateur des surréalistes les incite à fréquenter les salles populaires à l'obscurité fascinante plutôt que celles des tenants d'une esthétique ennuyeuse. Mais ils se régalent aussi des œuvres de l'expressionnisme allemand, dont *Nosferatu le vampire* de Murnau (1922), le *Loulou* de Pabst (1928) où Louise Brooks incarne une femme* totale qui ne peut que les ravir. Sans oublier le cinéma soviétique de Eisenstein (*Le Cuirassé Potemkine,* 1925) ou le novateur *Chien andalou* de Buñuel* (1928). Charlie Chaplin, qu'ils

défendront dans son affaire de couple (1927), suscite la ferveur d'Aragon (*Le film,* 1918) ou de Soupault dans la revue* *Littérature* (1919), avant de figurer parmi les cinéastes appréciés dans un manifeste écrit à l'occasion de la sortie de *L'Âge* d'or* de Buñuel (1930). Mais le passage au parlant semble rompre la magie. Ce changement explique sans doute que, contrairement à la poésie et à la peinture, il n'a pas existé de cinéma surréaliste à part entière, excepté celui de Buñuel, même si Duchamp* ou Man Ray*, liens entre dadaïsme* et surréalisme, ont utilisé la caméra. Il s'est plutôt agi d'un *Surréalisme au cinéma,* pour reprendre le titre d'un livre de Kyrou (1963).

Crevel (René)

Les rapports de René Crevel (1900-1935) avec le surréalisme et Breton* furent intenses et tumultueux. L'existence de cet « homosexuel et surréaliste, mondain et révolutionnaire », écrit Michel Carassou, est marquée par une angoisse qui trouve notamment sa source, expliquera-t-il, dans deux événements terribles : il est circoncis à l'âge de trois ans, sous les yeux de sa mère qui, en 1914, l'oblige à regarder le corps de son père qui s'est pendu. Dans *Êtes-vous fous ?* (1929), il dira avoir le « simplexe anti-Œdipe » au lieu du « classique complexe ». Il vouera pour cette mère une haine qui sourd dans tous ses livres, et qui l'incite, lorsqu'elle meurt en 1926, à recourir à la psychanalyse, laquelle s'avère « primaire, intransigeante » (*Le Clavecin de Diderot,* 1932). Crevel entame son parcours poétique par la création de la revue* *Aventure* avec Georges Limbour, Vitrac* ou encore Jacques Baron (1921). Le sentiment de révolte* qui l'anime, la libération de l'esprit qu'il souhaite et sa recherche d'absolu l'amènent d'abord au dadaïsme, puis il prend parti pour Tzara* dans le conflit avec les surréalistes. Il rejoint ces derniers en 1923 et restera fidèle à Breton, malgré des désaccords, comme l'écriture automatique* dont il doute. L'année précédente il a introduit dans le groupe les expériences sur le sommeil (voir « rêve »). En 1932, il participe au tract *Paillasse* qui fustige Aragon. Le 18 juin 1935, rongé par la tuberculose depuis dix ans, l'esprit miné, il se donne la mort. Longtemps hanté par le suicide, acte dans lequel il voyait « un moyen de sélection » lorsqu'il répondit à l'enquête surréaliste sur ce sujet, il laisse une œuvre où perce en permanence sa quête de la vérité.

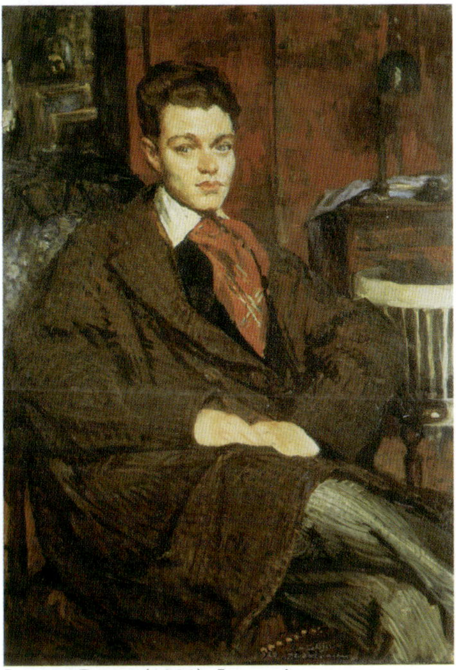

Jacques Emile Blanche (1861/1942), *René Crevel,* 1928.
Huile sur toile, 116 x 181.
Paris, Musée Carnavalet.

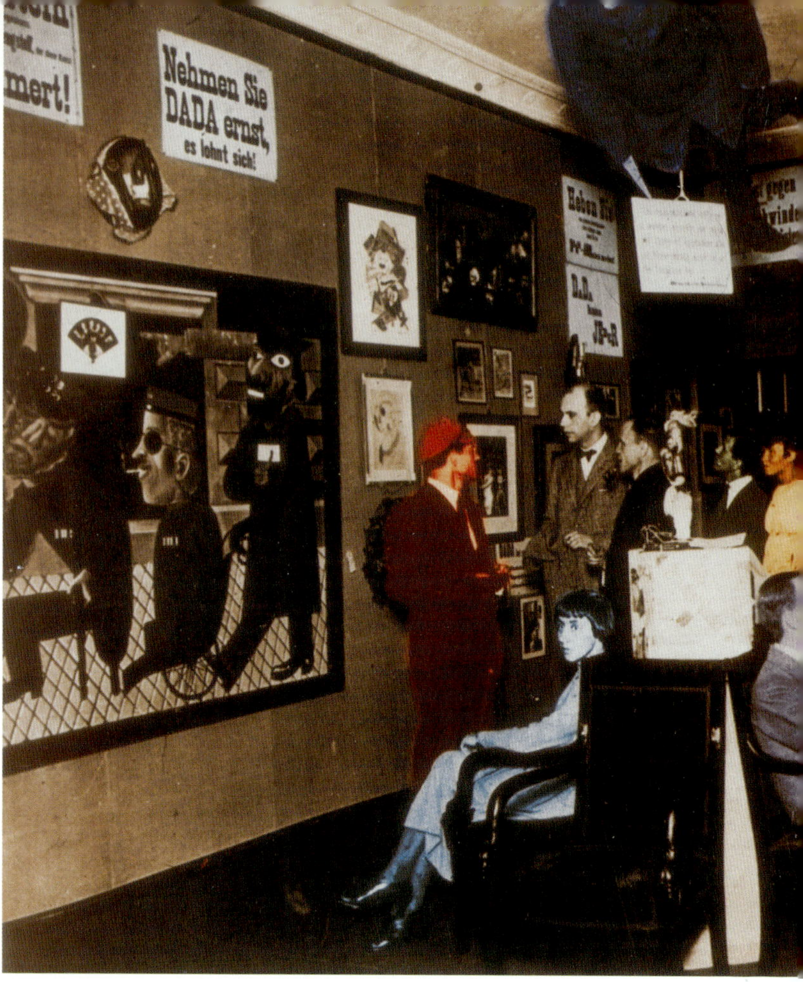

DADA

Le hasard, ou plutôt la conjoncture conduit à la naissance de Dada en 1916 (voir p. 11) : la présence en Suisse (neutre) de jeunes gens issus de pays différents, tous en rébellion contre l'ordre établi. Ce sont Tzara*, Arp* et sa femme* Sophie Taeuber, Richard Huelsenbeck, Marcel Janco ou Hugo Ball. Vaché* et Arthur Cravan, ou les précurseurs de New York, Picabia*, Duchamp* et Man Ray* ont ouvert la voie d'une insubordination culturelle. Mais Dada est plus qu'un état d'esprit. Il affiche une indépendance à l'égard des mouvements d'avant-garde existants, tant littéraires qu'artistiques. Dada, doux surnom d'un animal, aurait été pris par hasard dans un dictionnaire, ce qui indique d'emblée la volonté dadaïste : n'appartenir à personne, créer le contraste entre un titre et le contenu iconoclaste de l'action. Ce surnom s'applique à un cheval de bataille, à la révolte* d'une génération contre les horreurs de la guerre, un combat visant à instaurer le dérisoire et la fureur de l'humour afin de surmonter les terribles épreuves que subissent une génération, des populations, le monde trahi par les valeurs conservatrices et les pouvoirs politiques*. Il faut tout casser, terroriser, subvertir, sur les plans artistique, social et personnel. Derrière une telle volonté de détruire se cachent, certes une violence à peine contenue, mais aussi une certaine

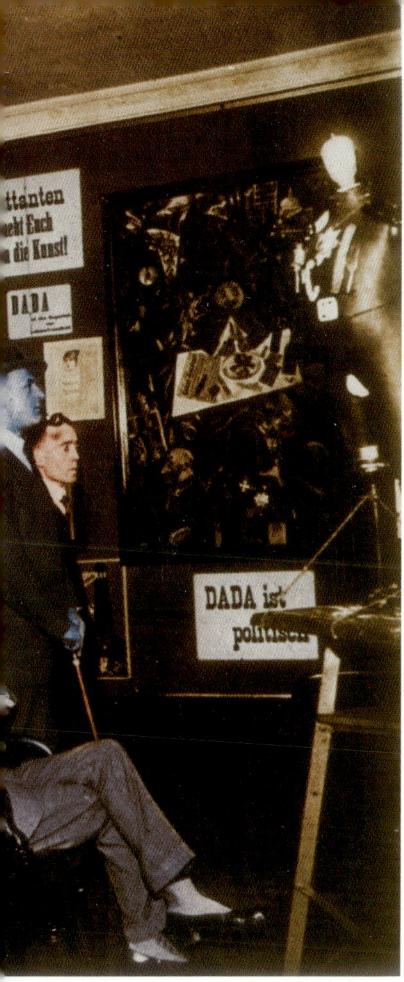

désespérance qui, après la fin de ce mouvement cosmopolite et international, se prolongera dans l'activité créatrice de ses anciens membres : provocations, nouvelles techniques de l'art*, revues*, expositions*... Cette créativité post-dadaïste amène une question : Dada fut-il nihiliste ou novateur ? Il fut avant tout un cri dont les décibels alimentèrent, d'une part les œuvres personnelles des anciens dadas, ce qui n'empêcha aucunement la fidélité à un passé, d'autre part le lit du surréalisme. Les fondateurs de *Littérature*, Aragon*, Breton* et Soupault*, s'enthousiasment en effet pour le *Manifeste Dada 1918*, qui a marqué le virage révolutionnaire de Dada. Ce texte est paru dans la revue *Dada III* (décembre 1918) dont la couverture porte une citation explicite de Descartes : « Je ne veux même pas savoir qu'il y a eu des hommes avant moi. » « Chaque spectateur est un intrigant s'il cherche à expliquer un mot : (connaître !) », lance Tzara*, car la notion de spectacle est capitale chez Dada ; il faut alerter les spectateurs, stimuler leur inconscient et, au besoin, les couvrir d'injures pour susciter leur réaction. Picabia*, qui s'est joint au mouvement, a sans doute apprécié cette autre phrase : « Dada ne signifie rien. [...] Ordre = désordres, moi = non-moi, affirmation = négation [...] Que chaque homme crie : il y a un grand travail destructif, négatif, à accomplir. Balayer, nettoyer. » Tout est à transformer (nouvelle écriture, nouvelles typographies, événements), à créer. Les repères n'existent plus. De Suisse, Dada se propage en Allemagne et en Italie, mais trouve un point d'ancrage en France, avec l'arrivée de Tzara à Paris* en janvier 1920. Accueilli chaleureusement par le groupe de *Littérature*, il voit le dadaïsme, qui est parvenu à sa plénitude en 1919, atteindre ses limites et s'essouffler dès l'année 1921. Des affaires et des querelles l'opposent à Breton et certains de ses compagnons. Une soirée organisée au théâtre Michel, le 6 juillet 1923, *Le Cœur à barbe*, signe sa fin officielle. Le surréalisme a déjà pris la relève. Certains auteurs considèrent le surréalisme comme un pendant du dadaïsme, lui conférant néanmoins une identité propre ; d'autres comme un groupe révolutionnaire et artistique possédant une réelle autonomie. Les relations étroites entre ces deux groupes n'ont pas fini d'alimenter les controverses.

Inauguration de l'Exposition internationale Dada, Berlin, 5 Juillet 1920. Photographie colorisée. Debout : R. Haussman, O. Burchard, Baader, W. et M. Herzfelde, G. Grosz, J. Heartfield. Assis : H. Höch et O. Schmalhausen.

DALI

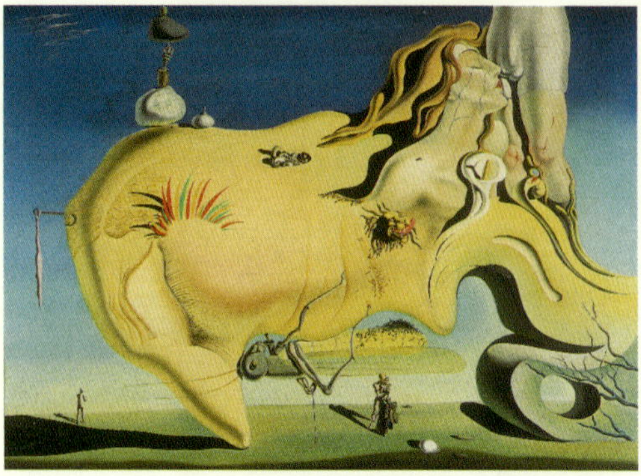

Paranoïaque critique
Enfant, Salvador Dalí (1904-1989) découvre la superbe région de Figueras (sa ville natale en Catalogne), qui exercera sur lui un charme envoûtant et stimulera son inspiration. « Je ne suis chez moi qu'en ce lieu », dira-t-il à propos de Cadaquès. Formé à l'école des beaux-arts de Madrid, où il est l'ami du poète Federico García Lorca, Dalí se rend à Paris* en 1928 et tisse déjà des liens avec les surréalistes ; il collabore au film de Buñuel*, *Le Chien andalou.* L'année suivante, il peint *Le Grand Masturbateur* à Figueras. Cette toile porte le surnom qu'il a donné à un rocher du cap Creus, sur le littoral catalan, et qu'il a représenté pour « l'apprivoiser » : un rocher au visage humain, au corps patiné où joue la lumière, création de sa mythologie. Dalí reprendra ce thème à plusieurs reprises. Auparavant séduit par le cubisme et le futurisme, il semble suivre la voie d'une évolution amorcée en 1927 : se libérer totalement des thèmes qui le hantent. Toujours en 1929, il rencontre Gala, femme* d'Éluard*, qui deviendra la sienne. Il s'installe à Paris alors que le surréalisme est secoué par ses affaires, notamment sur le chapitre de la révolution* avec laquelle il gardera ses distances. En 1930, c'est la sortie de *L'Âge* d'or*, autre œuvre de Buñuel, au parfum de scandale, à laquelle Dalí a apporté sa contribution. L'apport de Dalí dans le surréalisme de cette époque, qui cherche son souffle, est, en dehors de sa peinture qui en est le reflet, la « paranoïa-critique ». Une recherche personnelle et libre, reposant sur des obsessions, qui, une fois identifiées, lui permettent de dénoncer et de dépasser la réalité pour en créer une autre, dérangeante, donnant des sueurs froides à la censure. Breton*, fasciné jusqu'ici par le personnage et ce concept, réagit en février 1934 : Dalí montre un intérêt (pictural) pour Hitler. Il est rappelé à l'ordre mais continue de collaborer au surréalisme (revue* *Minotaure*). En 1941, sa quête de notoriété aux États-Unis provoque la rupture définitive.
Le sens exacerbé du jeu*, l'exubérance, la fougue et l'œuvre prolifique de Dalí ne doivent pas faire oublier qu'il reste l'un des peintres surréalistes majeurs. Nul n'a traité comme lui la sexualité*, le désir et l'amour* sous un angle aussi flamboyant et provocateur ; une peinture au réalisme cru, chargée de peurs et de fantasmes. Les matières fécales, la mort, les monstres, le cannibalisme, les animaux font aussi partie de son monde. Dans *La vie secrète de Salvador Dalí* (1952), il avoue cependant : « Les Surréalistes me semblèrent les seuls à former un groupe dont les moyens serviraient mon action. » De fait, il a réuni en un style personnel les techniques des surréalistes et des maîtres anciens, empruntant, par exemple, à Tanguy* « la ligne d'horizon qui était visible chez celui-ci depuis 1926 », souligne Robert Lebel. Une synthèse originale au service d'une ambition personnelle où l'humour et la dérision furent souvent implicites, signes d'un désespoir joyeux.

Salvodor Dali, *Le Grand Masturbateur,* 1929. Huile sur toile, 110 x 150.
Madrid, Museo Nacional Centro de Arte Reina Sofia.

Delvaux (Paul)

Formé à l'École des beaux-arts de Bruxelles, Paul Delvaux (1897-1994) commence par peindre des toiles réaliste d'inspiration impressionniste, qu'il détruit pour la plupart en 1924, quand il choisit la voie expressionniste. La découverte de De Chirico* en 1934 et de sa toile *Mélancolie et mystère d'une rue* (1912), ainsi que celle du travail de Magritte* qui lui déplaît avant de le séduire, confirme le choix d'un nouvel itinéraire exploré depuis quatre ans environ, qui prend le pas sur son travail expressionniste – il détruit aussi ce travail en découvrant le chemin surréaliste. Passionné de mythologie et de scènes macabres, Delvaux est hanté par l'image d'une femme* belle, élancée et hiératique, fascinante et inquiétante, presque un fantôme. Un être vêtu ou torse nu, somnambule entouré de vestiges gréco-romains ou de décors début XXe siècle, qu'il va sans cesse reproduire, chaque toile semblant obéir à un rêve* particulier : « la grande artère du rêve », écrit Breton. Un monde et un esprit surréalistes qui lui valent d'être apprécié du groupe de Paris* (Exposition* internationale de 1938). Delvaux n'a pourtant jamais adhéré à ce groupe ni à celui de Bruxelles.

Desnos (Robert)

Le prince du sommeil

Ami de Prévert ou de Masson* et autres peintres, Parisien attaché à son quartier de Saint-Merri, très peu enclin aux études, Robert Desnos (1900-1945) fut un humaniste et un éternel curieux. En 1968, dans la préface de *Corps et Biens,* paru initialement en 1930, le grand éditeur René Bertelé utilise sans doute les mots les plus justes pour le qualifier : « Par un apparent paradoxe, ce visionnaire, si attentif à la dictée du subconscient, a toujours été

Paul Delvaux, *Femme au miroir,* 1930. Huile sur toile, 71 x 91,5. Lugano, Collection Thyssen-Bornemisza.

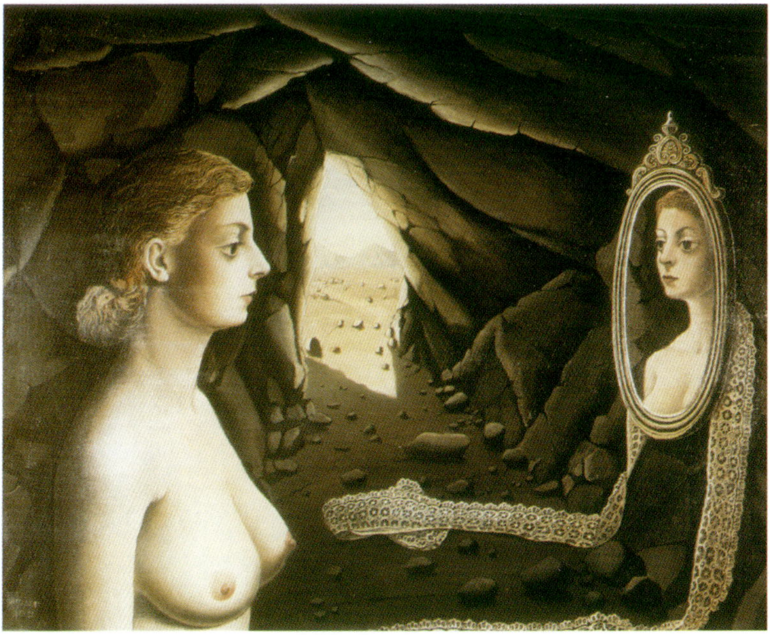

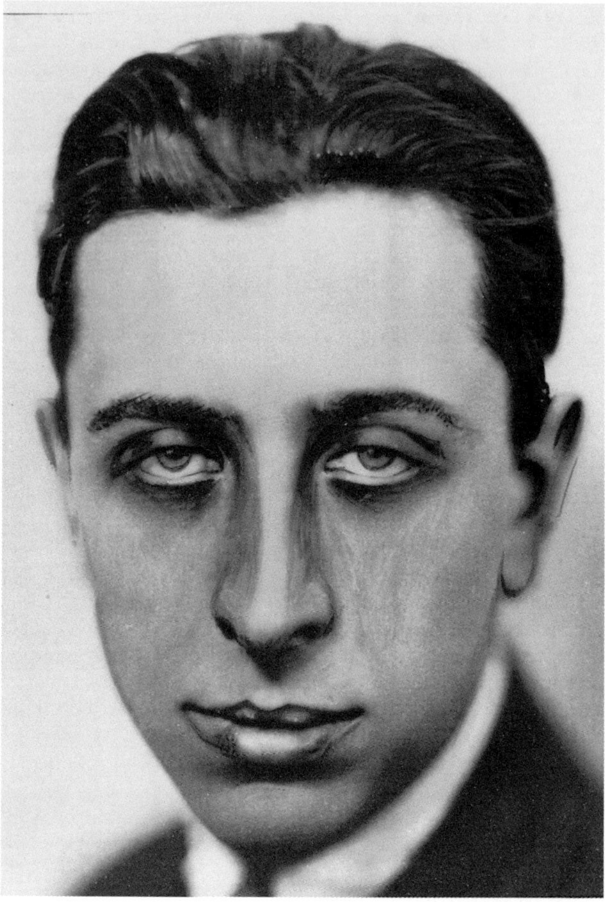

Robert Desnos.

inquiet d'une forme et d'un style et, à mesure qu'il avancera dans son œuvre, il le sera de plus en plus. [...] La coïncidence entre le besoin de projeter ses plus libres fantasmes et, d'autre part, celle d'une "technique poétique" font de Desnos un poète de la surréalité, et donc de la modernité, en même temps qu'un poète qui se rattache à une tradition, celle des grands baroques. » Au contraire de certains surréalistes qui, par souci d'écriture automatique*, jettent pêle-mêle leurs impressions, Desnos stylise, cherche, multiplie les modes d'expression, d'où une diversité dans une œuvre qui reste néanmoins réduite.

Desnos note ses rêves* dès son enfance. En 1919, la revue* *Littérature* de Breton*, Aragon* et Soupault* publie l'un de ces textes tandis qu'il écrit *Le Fard des Argonautes*. Il passe à côté du dadaïsme* puisqu'il effectue son service militaire de 1920 à 1922. À sa libération, Péret* l'emmène à des expériences sur le sommeil, où, s'endormant à volonté, Desnos débite des poèmes qui subjuguent l'auditoire. Dans ses *Entretiens* (1952), Breton reconnaîtra

l'apport important de Desnos dans le domaine de la voyance : « C'est lui qui imprimera durablement sa marque à cette forme d'activité. [...] Tous ont été suspendus à ce qu'il pouvait dire, à ce qu'il pouvait tracer fébrilement sur le papier... » Dans le premier *Manifeste* (1924), il voit en Desnos « celui d'entre nous qui, peut-être, s'est le plus approché de la vérité surréaliste », celui qui « parle surréaliste ». Mais Desnos quitte le groupe en 1930 et collabore au pamphlet contre Breton, *Un* cadavre.*
L'érotisme (*De l'érotisme,* 1923, *Confession d'un enfant du siècle,* 1928), les aphorismes qui participeront à sa gloire posthume (*Rsose Sélavy*, 1922-1923, pseudonyme que se donnait Duchamp*), des contes pour enfants et autres œuvres constituent la palette étrange et généreuse de Desnos. Il demeure fidèle à son idéal humaniste en s'engageant dans la Résistance durant la guerre. Il est arrêté par la Gestapo en février 1944. Épuisé et rongé par le typhus, il meurt le 8 juin 1945 au camp de Térézin (Tchécoslovaquie), pourtant libéré. Ses compagnons de déportation témoigneront de son attitude exemplaire, de son courage et de sa générosité.

Domínguez (Oscar)

« La surréalité, fruit, chez tant d'autres, d'efforts concertés, était en lui à l'état pur », écrit Patrick Waldberg à propos de son ami Oscar Domínguez (1906-1957). Peintre espagnol originaire des îles Canaries où il grandit dans une nature magnifique et sauvage, Domínguez fut créatif et fragile, généreux et sans cesse en quête. Il gagne Paris* vers 1926 où il s'adonne sans retenue à la fête. Il commence à peindre à partir de 1929, année où le surréalisme, dont il se sent proche, est agité par ses affaires et ses exclusions. En 1933, il fait sa première exposition surréaliste à Ténériffe qu'il imprime de son dynamisme durant un séjour de quelques mois. Il retourne à Paris et intègre officiellement le groupe surréaliste (1934). Il s'en éloignera en 1940, après avoir participé au jeu* de Marseille. Mais il se sentira surréaliste jusqu'à sa mort.
De 1934 à 1940, Domínguez fait preuve d'une inventivité délirante. Sa peinture « cosmique » révèle des paysages d'astres disparus ou de cosmos imaginaires. Il peint des toiles chargées de symboles, comme *Los Porrones* (1935) figurant une femme* au corps couvert de clés de boîtes à sardines, surmontée de deux cruches à têtes de poule et de coq. La « décalcomanie sans objet », créée en 1935, est saluée

Paul Éluard devant une toile d'Oscar Domínguez, 1945.

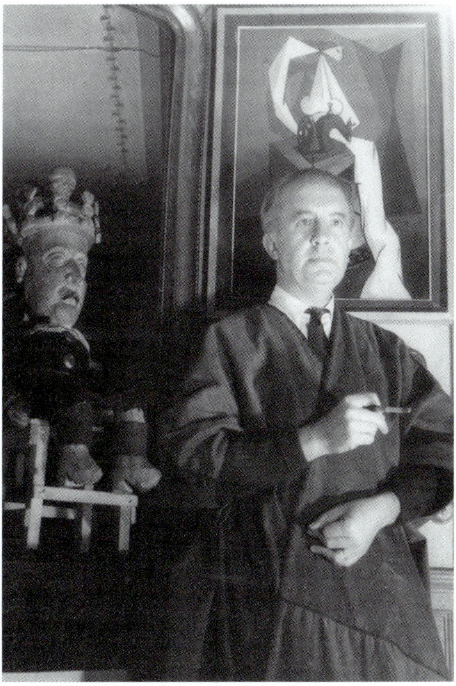

par Breton* qui écrit *Décalcomanie du désir* (*Le Surréalisme et la peinture*). Cette technique d'automatisme consiste à appliquer une feuille blanche sur une autre feuille couverte de gouache noire, puis à la détacher et la faire sécher. Domínguez conçoit aussi des objets surréalistes, dont *Jamais,* présenté à l'Exposition* de 1938, phonographe détourné de sa fonction : des jambes de femme pénètrent dans le pavillon qui, transformé en jupe, se termine par un bras et une main sans aiguille.

Après la guerre, durant laquelle il réalise la carte de Freud dans le jeu* de Marseille, Domínguez, en dépit du soutien d'Éluard*, perd le fil de son œuvre, gagné par l'influence de Picasso (thème du taureau), de De Chirico* ou d'Ernst*. Malgré un sursaut de production plus personnelle, une sournoise mélancolie le ronge et finit par supplanter son imagination prolifique : il se suicide un 31 décembre.

Duchamp (Marcel)

Dada* avant la lettre, partisan d'un art* intellectuel, libre de toute mode et de tout mouvement même s'il y collabore, adepte de l'humour et de la dérision, partisan d'un art déshabillé de ses règles, c'est-à-dire un « non-art», comme ses amis Picabia* et Man Ray*, Marcel Duchamp (1887-1968) occupe, pour ces raisons, une place à part dans l'histoire culturelle du XXe siècle. Il commence à peindre à quinze ans, avec le soutien de son père, de ses frères, du peintre Jacques Villon (Gaston Duchamp) et du sculpteur Raymond Du-champ-Villon, que visite Ribemont-Dessaignes*. Sa rencontre en 1910 avec Apollinaire(voir «ancêtres») et Picabia coïncide avec une évolution de ses toiles, jusque-là influencées par le fauvisme et Cézanne. *Le Nu descendant un escalier n° 1* de 1911 montre qu'il a dépassé le cubisme pour illustrer son propos de machines encore embry-onnaires. Insérées dans une dimension qui lui est propre (trois dimensions visibles et une quatrième, mystérieuse), elles prennent forme dans *La Mariée* (1912), thème essentiel dans son œuvre. En juin 1912, il fuit le parisianisme et se rend à Munich pour réfléchir et travailler aux projets de sa première grande réalisation: *La Mariée mise à nu par les célibataires, même* (*Le Grand verre*) – qu'il reprendra en 1915 pour la laisser volontairement inachevée huit ans plus tard. L'année suivante, à New York, il participe à l'*Armory Show,* exposition* d'avant-garde, puis revient en France où il réalise la *Roue de bicyclette,* roue fixée sur un tabouret, qui inaugure la série des *ready-made* («tout fait »), mot qu'il appliquera à ces créations à partir de 1915. La trentaine de *ready-made,* nombre que Duchamp a voulu limité, comprend aussi un *Porte-bouteilles* (1914), le fameux et provocateur urinoir à l'envers appelé *Fontaine* (1917) et une *Ampoule contenant 50 cc d'air de Paris** (1919).

Duchamp, réformé au début de la guerre, retrouve New York et Picabia en août 1915, et fait la connaissance de Man Ray – il réalise *Tu m',* sa dernière peinture sur toile. Son activité se ralentit considérablement à partir de 1923. Une série de «boîtes» renfermera des fac-similés de ses œuvres et des notes personnelles. Ses réflexions de la *Boîte verte* paraissent en 1928 aux éditions Rrose Sélavy, en fait un pseudonyme de Duchamp de-

Marcel Duchamp, *La mariée mise à nu par les célibataires, même* (*Le Grand verre*), 1915/23. Huile, vernis, papier et fil de plomb sur deux panneaux de verre. 272,5 x 175,8. Philadelphie, Museum of Art.

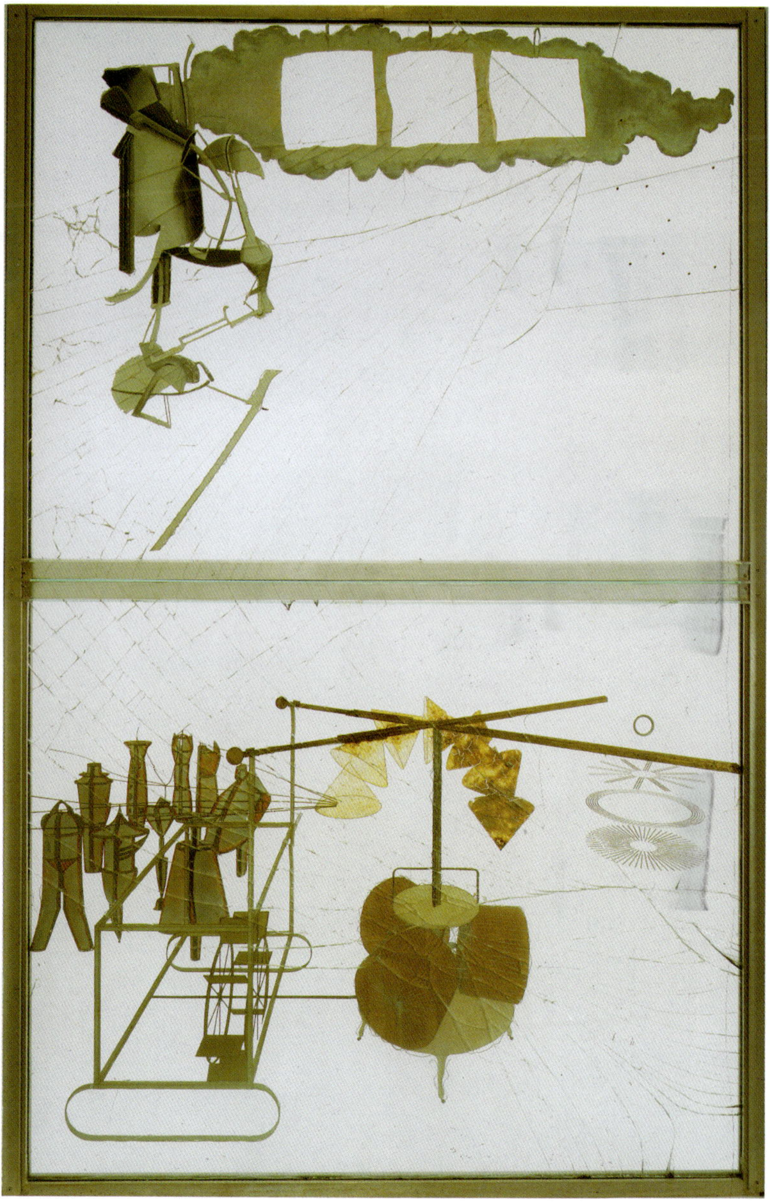

puis 1921, qui lui permet de publier dans des revues*, dont *391* de Picabia* ou *Littérature*, ou de signer certaines œuvres. Man Ray réalisera un portrait de Rrose Sélavy : Duchamp habillé en femme*. Breton* a rendu hommage à Rrose Sélavy dans *Clair de terre* (1923), de même que Desnos* qui dévoila du même coup l'identité de Duchamp dans ses aphorismes (1922-1923). Duchamp restera proche des

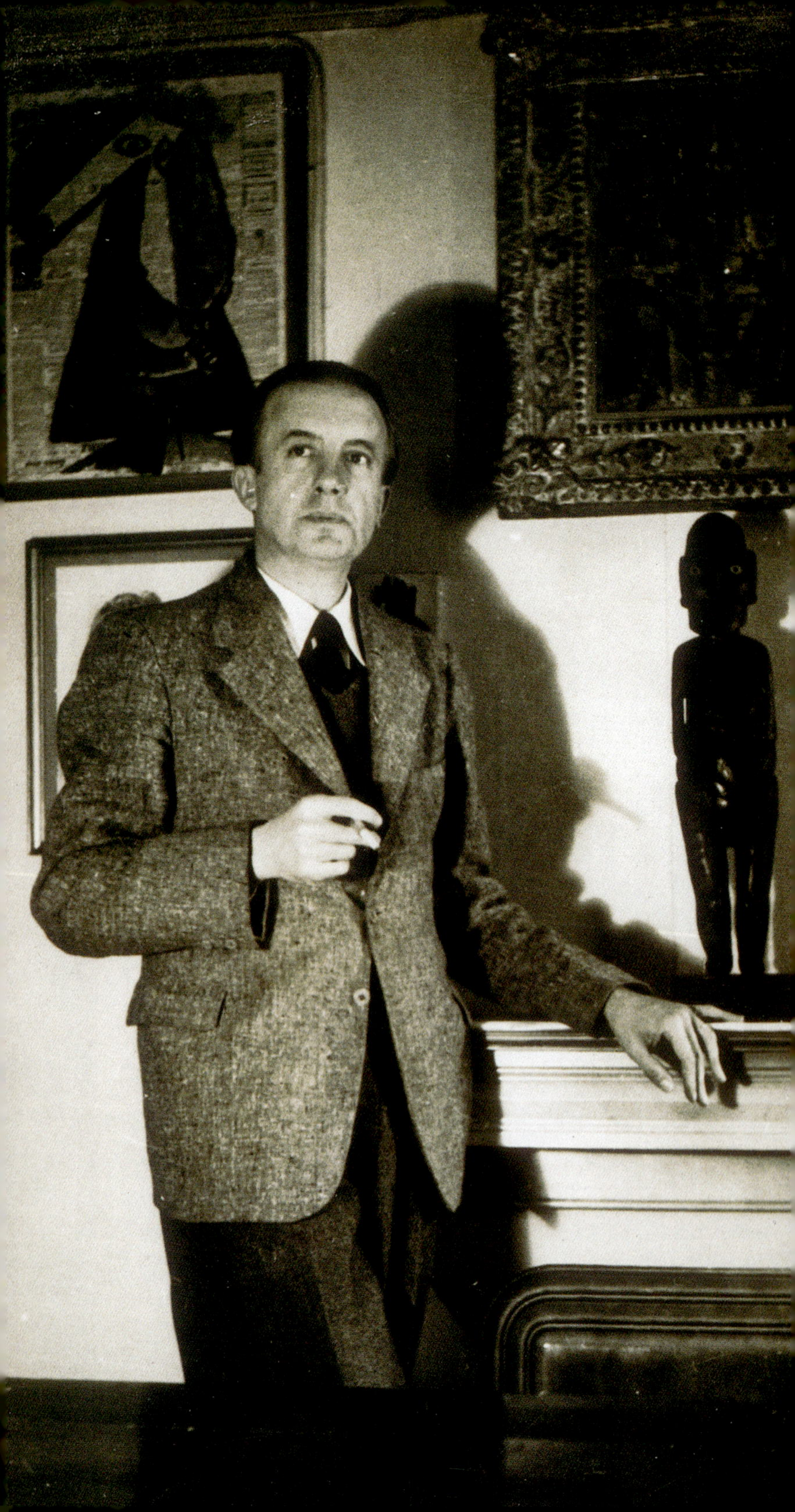

surréalistes, participant aux expositions et aux publications, en France ou à New York. Il a voulu montrer que la peinture conventionnelle (dite « rétinienne ») pouvait laisser place à un art qui interroge, provoque le regard d'autrui, suscite sa réflexion. Qui, reflet de la vie, ne peut exister qu'à ces conditions. Un adage chinois ne dit-il pas qu'une maison n'appartient pas à celui qui la possède, mais au passant qui l'admire ? Dans le film *Entr'acte* de Picabia* et René Clair (1924), on peut encore le voir jouant aux échecs avec Man Ray, jeu* où il était passé maître. Duchamp a signé aussi un film, véritable acte d'anti-cinéma* dans la lignée de l'anti-art : *Anemic Cinema* (1926).

Éluard (Paul)

Le cœur et la plume

De son vrai nom Eugène Grindel, Paul Éluard (1895-1952) issu d'une famille assez prospère, reste pour beaucoup le poète de l'amour* – et pour certains celui du parti communiste, mais cette période concerne surtout les dix dernières années de sa vie. Même le célèbre poème *Liberté,* écrit en 1941, fut primitivement un poème d'amour... En 1912, il doit interrompre ses études pour soigner une hémoptysie en Suisse où il rencontre une jeune Russe, Helena Dimitrovnia Diakonova, qu'il surnomme Gala et qu'il épouse (1917). Une femme* marquante du surréalisme, qui sera la compagne de Dalí*. Il lui dédiera *L'amour, la poésie* (1929). Durant son séjour au sanatorium, Éluard peaufine sa culture littéraire et lit Rimbaud ou Lautréamont (voir « ancêtres »). Enrôlé dans la guerre, il est mobilisé en décembre 1914 : grandira en lui, et dans le cœur de plus en plus de Français, un sentiment de révolte*. Il écrit aussi les *Premiers Poèmes,* 1913-1918, de facture plutôt classique. Mais « la recherche linguistique que Paul Éluard va entreprendre entre 1916 et 1926, de concert avec son ami Jean Paulhan, de tumulte avec les tirs d'artillerie et de chaos-cris avec Dada*, se situe maintenant ailleurs. "La grande affaire, écrira plus tard son ami Aragon*, était de désapprendre et non d'avoir appris". », signale Claude Roy. En effet, Éluard croise Breton en novembre 1918 mais ne s'engage qu'en 1919 avec l'équipe de *Littérature* puis avec Tzara*. Résolument impliqué dans Dada, il est présent dans les revues* et participe aux manifestations. À partir de 1922, il se fond dans le groupe surréaliste et en devient un membre très actif,

Paul Éluard.

« Mes yeux sont inutiles,
Le règne de la poussière est fini,
La chevelure de la route a mis son manteau rigide,
Elle ne fuit plus, je ne bouge plus,
Tous les ponts sont coupés, le ciel n'y passera plus,
Je peux bien n'y plus voir.
Le monde se détache de mon univers
Et, tout au sommet des batailles,
Quand la saison du sang se fane dans mon cerveau,
Je distingue le jour de cette clarté d'homme
Qui est la mienne,
Je distingue le vertige et la liberté,
La mort de l'ivresse,
Le sommeil du rêve, » ...

Paul Éluard
in Capitale de la douleur,
Ne plus partager *(extrait), publié dans la*
Révolution surréaliste, *n°5, octobre 1925*

se chargeant des publications ou des expositions*. Avec Breton* et Char*, il compose *Ralentir travaux* (1930). Il écrit aussi sur Max Ernst* ou De Chirico*. Mais les rapports avec Breton se distendent à partir de 1934, pour des raisons littéraires. Deux ans plus tard, Éluard s'éloigne et sa collaboration, en 1938, à la revue *Commune*, jugée stalinienne et contre les surréalistes, marque la rupture définitive. Pendant la guerre, il adhère au parti communiste clandestin (février 1942) et doit se cacher ; il fonde avec Aragon* le Comité national des écrivains, collabore avec les résistants de la revue* *La Main à plume* et à celles, tout aussi résistantes, de Pierre Séghers.
En 1943, il publie *L'Honneur des poètes* aux éditions de Minuit, maison inscrite dans l'Histoire pour sa clandestinité. Avec *Le devoir et l'inquiétude* (1917) sur la bêtise de la guerre, *Poèmes pour la paix* (1918), *Les animaux et leurs hommes, les hommes et leurs animaux* (1920) qui débute par : « Qu'une force honnête nous revienne. », *Capitale de la douleur* (1926), et d'autres textes notamment sur le rêve*, Éluard condense toute sa pé-riode surréaliste et énonce ce qui caractérisera son œuvre : douleur et inquiétude, amour et préoccupation constante du monde. Une voix « inimitable comme eau de source, effervescente de limpidité, volubiles et lisses vocalises de bulles d'oxygène naissant », poursuit Claude Roy. « Des mots de cette ardente langue française, qui jamais ne fut aussi femme que lorsque c'était lui qui la couchait sur le papier », estime André Pieyre de Mandiargues.

Ernst (Max)

Frotter l'inconscient

Homme de culture et curieux de tout, Max Ernst (1891-1976) fut ouvert à de multiples disciplines et son adhésion au surréalisme reste l'une des plus longues. Né à Brühl, en Rhénanie, il suit des études de philosophie et part à la guerre où il subit, ironie du sort, l'assaut du régiment du poète Joé Bousquet, qui, blessé et impotent cloué sur son lit, sera plus tard l'un de ses grands amis. En 1919, Ernst participe au mouvement Dada* de Cologne avec Arp*, connu cinq ans plus tôt. Il fabrique des collages, seul ou à plusieurs mains, écrit des poèmes ; c'est aussi l'époque des provocations artistiques de toutes sortes. Il découvre alors De Chirico, des liens se tissent avec les dadas de Paris*, dont Breton* qui l'invite à venir les rejoindre et lui consacre une exposition* en 1921, année de leur rencontre. Ernst fait aussi la connaissance d'Éluard*, avec qui se noue une amitié durable (illustrations du recueil *Répétitions*, 1922), et son épouse Gala. Installé désormais à Paris, il est incontestablement le premier peintre du surréalisme en pleine naissance, après l'érosion de Dada, comme en témoignent deux de ses tableaux passés à la postérité : *Au Rendez-vous des amis* (1922) figure dix-sept personnes dont les premiers surréalistes fondamentaux où des artistes à l'influence déterminante sur le groupe, comme De Chirico, mais une seule femme*, Gala ; la création de *Deux enfants sont menacés par un rossignol* (1924) coïncide (à peu près) avec l'émergence du

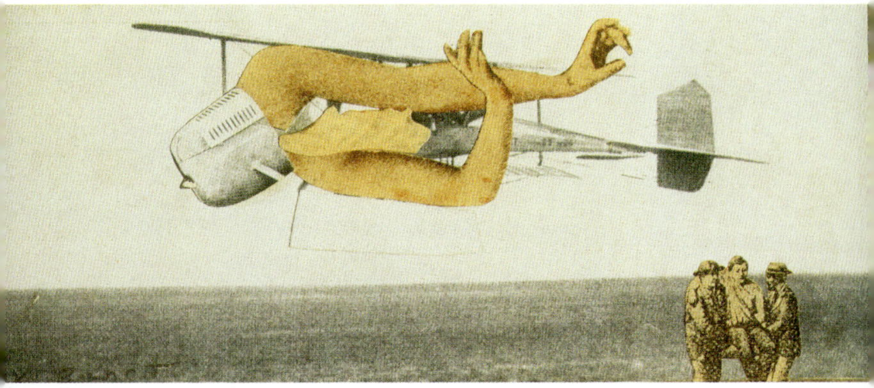

surréalisme et la parution de son *Manifeste** : Ernst ne cessera dès lors d'être surréaliste, participant aux expositions, jouant le chef des brigands dans *L'Âge* d'or* (1930) de Buñuel*. En 1937, il partage sa vie et ses choix picturaux avec Leonora Carrington, âme fragile et étrange, qui écrit et peint, et figure dans *L'Anthologie* de l'humour noir* de Breton. Deux ans plus tard, la guerre éclate ; Max Ernst, Allemand jugé « indésirable » sur le territoire français, est enfermé dans un camp, où il retrouve son compatriote Bellmer*. Il parvient à se réfugier à New York en 1941, y rencontre Dorothea Tanning*, séjourne ensuite à Sedona (Arizona), et revient en France dans les années 1950.

L'œuvre d'Ernst, vaste par son ampleur, son contenu et son rôle, couvre une large palette d'inventions et de créativité, résultat d'une quête perpétuelle de renouveau que Breton souligne dans *Le Surréalisme et la peinture.* En 1925, il expérimente la technique des frottages en appliquant sur un plancher des feuilles de papier qu'il marque à la mine de plomb. Une technique qui lui est étroitement associée et qu'il applique à une série de dessins réunis dans un album, *Histoire naturelle* (1926), où se côtoient des monstres et un étrange bestiaire. Il est aussi l'initiateur des « romans-collages », dont le premier est *La femme 100 têtes* (1929). En 1942, Ernst s'approprie le procédé du *dripping* (déjà éprouvé notamment par la peintre Toyen) : une boîte fixée à une longue ficelle et remplie de peinture se balance au-dessus d'une toile posée à même le sol. « De cette façon les gouttes dessinent sur la toile de surprenantes figures. Le jeu des associations mentales peut alors commencer », dit-il. C'est ainsi qu'il réalise *Jeune homme intrigué par le vol d'une mouche non euclidienne,* titre désopilant comme à son habitude. Intéressé dès l'enfance par ses rêves* qu'il provoquait dans un demi-sommeil, Max Ernst les transcenda presque jusqu'à son dernier soupir. Il n'a cessé aussi de magnifier la nature sauvage et les forêts dont il aimait sublimer l'âme. Il confia un jour à Waldberg qu'au lieu des hommes, il préférait peindre les oiseaux.

Max Ernst, *Sans titre ou L'avion meurtrier,* 1920. Collage photographique sur papier, 5,8 x 14,3 . Houston, D. and J. de Menil Collection.

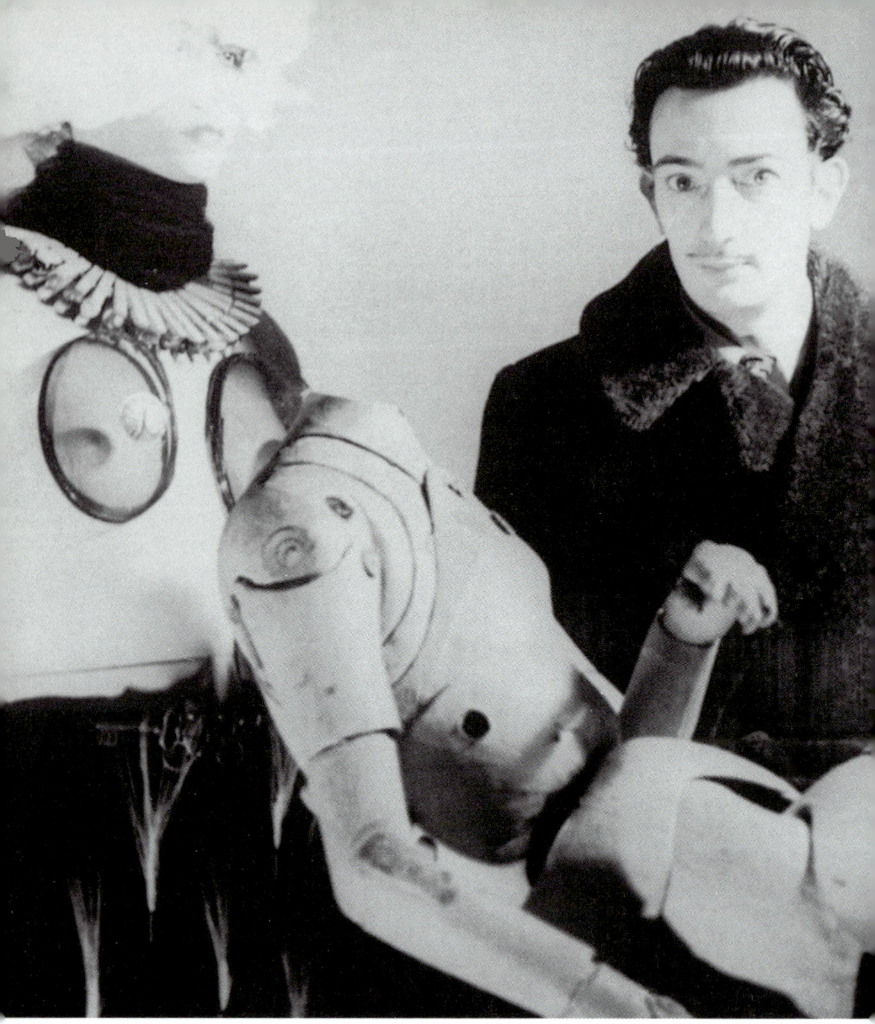

EXPOSITIONS SURRÉALISTES

L'action et les théories développées par le surréalisme ont trouvé dans les expositions collectives, souvent de véritables événements théâtralisés, un moyen de pérenniser le ou les groupes tout en montrant au grand jour les résultats des recherches communes et personnelles. Dans son *Dictionnaire du surréalisme*, Jean-Paul Clébert a recensé avec soin les plus importantes.

La plupart de ces expositions, en France ou à l'étranger, étaient internationales, le surréalisme étant cosmopolite. Provoquer, subjuguer et dérouter le visiteur était l'objectif de ces rendez-vous. Le tout était de susciter la réaction, qu'il s'agît de rejet ou d'adhésion, et, le cas échéant, d'éveiller des vocations, ce qui fut le cas de Dorothea Tanning*. Mais aussi de présenter des artistes nouveaux, comme Delvaux*, aux collectionneurs avides de découvertes. La première exposition officielle surréaliste est organisée en novembre 1925 à la galerie Pierre (Loeb), rue des Beaux-Arts à Paris*, et réunit Arp*, De Chirico*, Ernst*, Klee*, Masson*, Miró*, Picasso, Man Ray* et Pierre Roy. Des titres évocateurs viennent bientôt agrémenter ces manifestations : « Le surréalisme existe-t-il ? » à la galerie Le Sacre du printemps

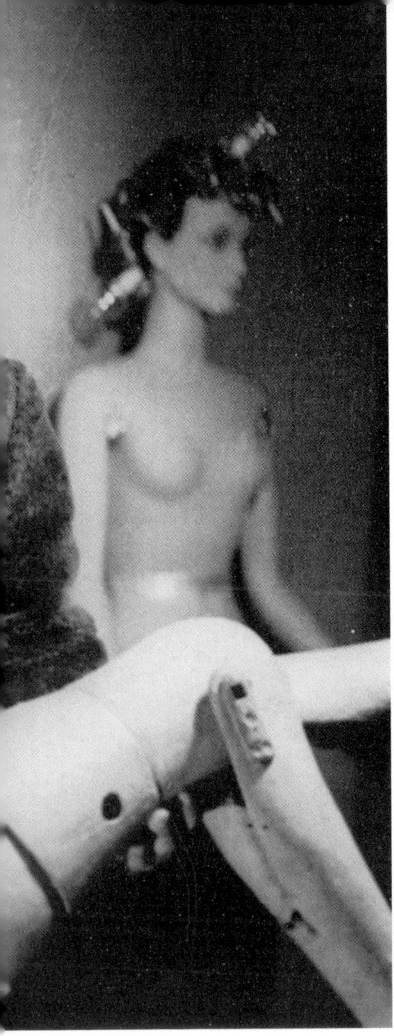

Salvador Dali portant un mannequin lors de l'Exposition internationale des surréalistes, 1938, Paris.

(Paris) où l'on retrouve entre autres Tanguy*. Des poètes, Aragon*, Breton*, Crevel* ou Tzara* prêtent leur plume pour présenter les œuvres de ces expositions. À l'étranger, tout commence à Hartford, dans le Connecticut (1931), et New York se dote de sa première galerie dévolue aux surréalistes, la Julien Levy Gallery (1932). Cette internationalisation, qui nécessitera la publication du *Bulletin international du surréalisme* (1935), gagne les Canaries où Domínguez* organise en 1934 la *Esposición surrealista*. Suivent la Belgique, le Japon, Londres (*Surrealist Objects and poems*, et *International Surrealist Exhibition* organisée par Roland Penrose), le Chili, la Hollande… À la vieille de la guerre, Breton met sur pied une Exposition internationale du surréalisme à Paris (1938) : la configuration des lieux permet une mise en scène impressionnante, avec l'installation d'une « rue surréaliste » bordée de mannequins de cire, effigies de la femme* selon les surréalistes de cette époque. Cette rue* comporte aussi des plaques hautement symboliques, celles de la rue de La Vieille-Lanterne (disparue) où se pendit Nerval ou encore celle de la rue Vivienne où habitait Lautréamont (voir « ancêtres »). Une grotte abrite une foule d'objets surréalistes rivalisant d'originalité. Des toiles sont aussi présentées au public. À l'occasion de cette exposition fut écrit le *Dictionnaire abrégé du surréalisme* de Breton, avec l'aide d'Éluard*. Durant la guerre, à New York, les surréalistes « exilés » ne restent pas inactifs : *Artists in Exile*, ou encore *First papers of surrealism* de Duchamp* et Breton (1942) où ce dernier, dans un texte, évoque la mythologie, dont le mythe de l'âge* d'or. Après la libération, Londres reprend l'initiative. De retour à Paris, où il trouve un groupe passablement renouvelé, Breton met sur pied *Le surréalisme en 1947*, à la galerie Maeght, qui rassemble quatre-vingt-dix artistes de vingt-quatre pays différents ; on peut y voir une salle des Superstitions ou une autre dite des Purifications. Jusqu'à la fin du surréalisme, et en dépit des changements de mentalités, les expositions ne cesseront d'agrémenter le paysage culturel international. La dernière à laquelle Breton donnera son esprit est *L'écart absolu*, à la galerie de l'Œil de Paris (1965), titre emprunté à une phrase de Charles Fourier, socialiste utopique pour lequel il a composé une *Ode* (1945).

FEMMES

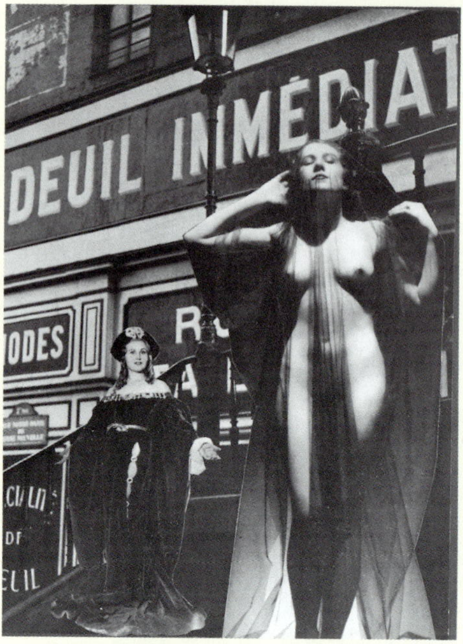

Entre le culte et la réalité
Le surréalisme, malgré son fonds révolutionnaire*, obéit peu ou prou aux archétypes des époques qu'il a traversées successivement, celles d'une société avant tout masculine, même si des femmes s'expriment (peu) lors des recherches sur la sexualité*. C'est une réunion d'hommes entourés de beautés, d'intelligences et de silhouettes qui suscitent les désirs et l'imaginaire : les photographies* des groupes, exemplaires à ce titre, montrent des compagnes ou des épouses de surréalistes, dont certaines furent exceptionnelles, alors que des femmes, peintres et poètes, ont joué dans le surréalisme un rôle qui est loin d'être mineur. Certes, dans *Arcane 17,* Breton* écrit en 1944 : « Le temps serait venu de faire valoir les idées de la femme aux dépens de celles de l'homme [...]. » Avec *Du surréalisme en ses œuvres vives* (1954), il affirme : « Dans le surréalisme, la femme aura été aimée et célébrée comme la grande promesse, celle qui subsiste après avoir été tenue. » N'est-elle pas source de naturel et de surnaturel dans *L'Amour* fou* ? Mais la réalité est en décalage avec ces appels à une sorte de culte, comme la femme révolutionnaire Germaine Berton (voir p. 19) ou les femmes criminelles Nozières et Papin (voir p. 25). Le surréalisme, règne des hommes, appelle une femme sacralisée, inspiratrice ou égérie, objet de divinisation et de dévotion, une fleur ou un arbre permettant au mâle de se relier à la terre. La femme est en effet abordée sous de nombreux thèmes, qui, tout en la magnifiant, masquent son apparence, la rendent inaccessible, falsifient presque sa nature mise au service de l'idéalisation de l'amour (Breton), de son pouvoir de salut (Aragon*, Péret*) ou de la peur masculine (Dalí*). Elle est l'Ophélie du *Hamlet* de Shakespeare, petit joyau friable dont la raison chavire par trop de peine ; ou une fée telle Mélusine qui préfère s'envoler plutôt que de dévoiler sa nudité à son mari. Lors de l'Exposition* surréaliste de 1938, des mannequins, femmes objets du merveilleux, occupent une rue* surréaliste, véritable artère des phantasmes masculins libérés. Au contraire, la splendide Méduse pétrifie ceux qui osent défier son regard. Écriture, peinture, cinéma* et photographie* surréalistes regorgent d'exemples montrant que la femme des surréalistes fut essentiellement « artistique ». Pour cette raison, le surréalisme ne fut pas l'un des moteurs de l'émancipation assez récente des femmes.

Georges Hugnet, *Deuil Immédiat*, photocollage, vers 1938.

Giacometti (Alberto)

Peinture, dessin, et surtout sculpture jalonnent l'itinéraire du Suisse Alberto Giacometti (1901-1966). Fils de Giovanni Giacometti, peintre postimpressionniste connu, il est aussi le frère de Diego, également sculpteur et complice permanent de son travail. Curieusement, son style vient de son incapacité à se conformer à un modèle, à copier des dimensions et un espace existants et visibles. Il lui faut donc créer ses propres lignes et géométries. Il gagne Paris* en 1922, travaille dans l'atelier d'Antoine Bourdelle, cède un temps au cubisme, et, séduit par l'art* africain, commence à concevoir des formes plates et aérées. Ses rencontres avec Leiris* et Masson* en 1928, puis avec Aragon* et Breton, le conduisent au surréalisme dans lequel il s'engage en 1930. Dans son atelier de la rue Hippolyte-Maindron, il est alors l'inventeur des premiers objets surréalistes (juste avant Domínguez*), résultats de multiples esquisses et recherches. Dans *L'Amour* fou,* Breton rappelle ce passage de son livre *Les Vases communicants* : « La trouvaille d'objet remplit ici rigoureusement le même office que le rêve*, en ce sens qu'elle libère l'individu de scrupules affectifs paralysants, le réconforte et lui fait comprendre que l'obstacle qu'il pouvait croire insurmontable est franchi. » Il salue aussi *L'Objet invisible* (1934-1935) de Giacometti comme l'expression du « désir d'aimer et d'être aimé ». Une femme* assise sur une chaise, les jambes prisonnières d'un carcan, les mains ouvertes sur un objet invisible, comme un appel au désir. Giacometti, lassé par cette quête esthétique vaine et par trop intellectuelle, quitte le groupe en 1935 et se consacre dès lors à son œuvre sculpté, rentré

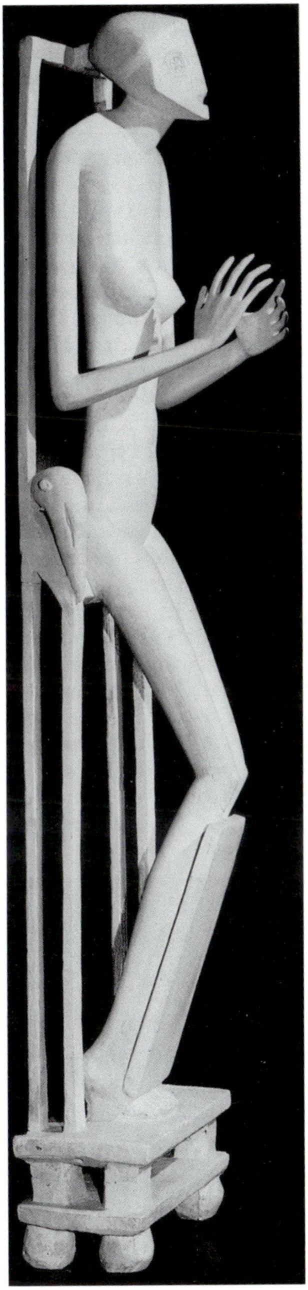

Alberto Giacometti, *L'objet surréaliste (mains tenant le vide),* 1934. Plâtre, 156 x 33 x 30. New Haven, Yale University Art Gallery.

depuis dans la postérité et fondé sur une nouvelle approche du réel, figures allongées d'une expressivité saisissante.

Gracq (Julien)

« La France, qui s'est si longtemps méfiée du billet de banque, est en littérature le pays d'élection des valeurs fiduciaires. » C'est ainsi que Julien Gracq (né en 1910) introduit *La littérature à l'estomac* (*Préférences,* 1961). Un écrivain rare, fidèle à ce point de vue puisqu'il refusa le prix Goncourt qui lui avait été attribué pour *Le Rivage des Syrtes* (1951) ; fidèle aussi tout au long de ses livres à l'éditeur José Corti, ami et éditeur des surréalistes. Gracq, de son vrai nom Louis Poirier, rencontre Breton* en 1939, à Nantes, ville symbolique du surréalisme (voir « Vaché », « Breton ») mais aussi « sa ville » (*La forme d'une ville,* 1985). Il n'est pas à proprement parler un surréaliste ; il en est un frontalier. Dans *Au Château d'Argol* (1938), son premier ouvrage pour lequel Breton a tenu à le féliciter, un « avis » place d'emblée ce récit dans un « mouvement » qui peut s'apparenter au surréalisme. Nous retrouvons en effet des accents surréalistes, l'embarquement du lecteur dans la spirale d'un rêve* où se côtoient le merveilleux et le tragique. En outre, dans l'œuvre de Gracq, la femme*, aux facettes alimentées par une mythologie toute personnelle, prend certains des atours que lui prête le surréalisme. Gracq a collaboré aussi à des publications surréalistes, a et n'a cessé de prodiguer son amitié à Jacques Hérold* qui a illustré *La Terre habitable* (1951), tandis que Masson* participait à *Liberté grande* (1947), poèmes de la guerre. L'estime qu'il portait à Breton lui a inspiré deux textes : *André Breton, quelques aspects de l'écrivain* (1948) illustré par Hans Bellmer*, puis *Spectre du « Poisson soluble »* (1950, in *Préférences*).

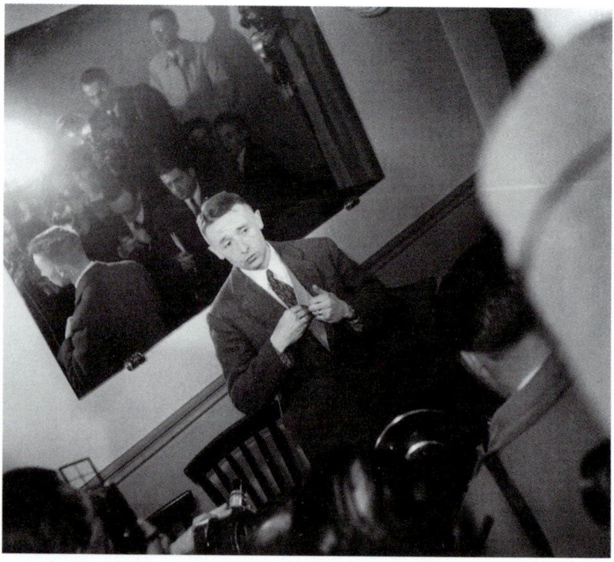

Julien Gracq, après avoir reçu le prix Goncourt pour son livre *Le rivage des Syrtes* le 3 décembre 1951 (prix qu'il refusa).

GRAND JEU (LE)

Les fils de Rimbaud

En 1922, à Reims, quatre lycéens de troisième, René Daumal, Roger Gilbert-Lecomte, Roger Vailland et Albert Meyrat, conjuguent leurs penchants pour l'étrange et créent une revue*, *Apollo*. Ils forment le groupe des « Phrères simplistes » dont l'objectif, le simplisme, est une recherche d'absolu. « L'important est de bien établir qu'il n'existe pas de frontières entre le visible et l'invisible, entre la vision et la réalité », signale Michel Random : « ils sont simples et ignorants comme les petits enfants. » Animés par la révolte* et se réclamant de Rimbaud (voir « ancêtres »), ils veulent aussi réveiller la ville de Reims par des scandales, des provocations.

Les trois premiers se retrouvent à Paris* en 1926 pour y poursuivre leurs études et leurs activités simplistes : en octobre, ils rencontrent le peintre Joseph Sima avec qui ils forment le noyau dur d'un mouvement qui va s'étoffer – renforts de Maurice Henry et d'André Rolland de Renéville. Il faut tâcher de vivre « entre deux mondes », quitte à user de drogues, pour approcher les frontières entre la vie et la mort ; d'explorer des textes mystiques, notamment sanskrits ; de laisser opérer la spontanéité. Une véritable quête initiatique qui n'est pas sans rappeler quelques points de la recherche surréaliste mais qui s'en démarque, comme le montrent les œuvres laissées par tous les membres de ce groupe. En 1927 est fondée la revue *Le Grand Jeu* (le premier des trois numéros sort en juin 1928), nom appliqué à ce mouvement. Des contacts existent déjà avec des surréalistes, dont Desnos*, et avec Ribemont-Dessaignes*, mais le *Grand Jeu* tient à son indépendance vis-à-vis du surréalisme et de Breton. Les relations restent bonnes, même si, dans une lettre à Daumal (janvier 1926), Lecomte parlait d'une « annexion à nous [les simplistes] de tous les surréalistes déjà vieillots de 1924 ». Deux épisodes viennent envenimer les rapports. L'adhésion en septembre 1928 de Monny de Bouly, ancien surréaliste fâché avec Breton ; la parution dans *Paris-Midi* d'un article signé de Vailland vantant le préfet Chiappe (détesté). Breton, qui prend sans doute ces prétextes pour contrarier le dynamisme de ces jeunes gens, organise une réunion le 11 mars 1929 au bar de la rue* du Château. L'ordre du jour porte sur l'exclusion de Trotski des instances du pouvoir soviétique puis de son exil. Sont présents des surréalistes dont Aragon, Tanguy ou Crevel, et des proches du groupe ainsi que le Grand Jeu au complet. Mais la séance tourne vite au « procès du Grand Jeu » que Breton abreuve de reproches – par exemple, l'utilisation abusive du mot Dieu, une morale douteuse et surtout des attaques personnelles qui incitent Ribemont-Dessaignes à quitter l'assemblée. Gilbert-Lecomte est accusé de ne pas avoir assez soutenu des élèves de l'École normale supérieure en rébellion contre leurs obligations militaires. Breton réclame l'exclusion de Vailland que ses amis refusent de renvoyer. Cette réunion aboutit au divorce entre les deux groupes. Le Grand Jeu poursuivra son chemin jusqu'à sa dispersion en 1932.

Hérold (Jacques)

Né en Roumanie, Jacques Hérold (1910-1987) gagne Paris en 1930, où il exerce divers petits métiers. Il se lie avec des surréalistes, dont Tanguy* qui mène comme lui une existence très précaire. Mais il ne devient actif au sein du mouvement qu'en 1934. Il quittera le groupe en 1951 (affaire Carrouges), restant jusqu'au bout fidèle à sa recherche et avec son esprit de liberté.

Hérold explore le corps éclaté, déchiré, écorché pour en révéler les compartiments les plus secrets. Puis les éléments se

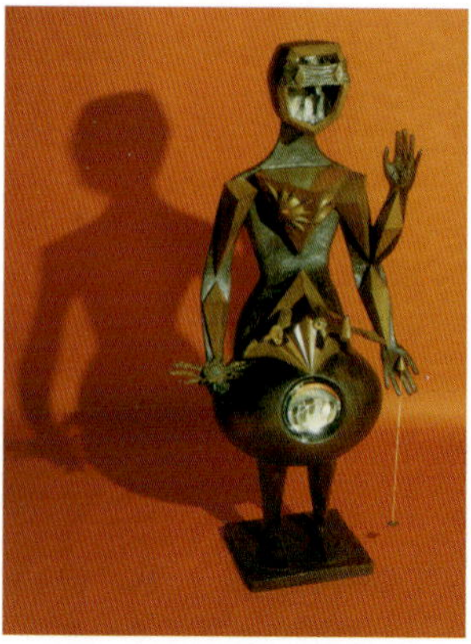

Jacques Hérold, *Le Grand Transparent,* 1946/47. Bronze patiné, 183 x 92 x 53. Collection Galerie Patrice Trigano.

figent, comme cristallisés, le cristal étant un thème cher aux surréalistes et la matrice de son œuvre. Il s'en explique dans son *Maltraité de peinture :* « Tout me porte à croire qu'en toute chose existe en puissance la merveilleuse structure du cristal : "*il faut être voyant, se faire voyant*" ; [...]. L'objet s'impose par son propre mouvement structurel. [...] L'objet est déchiqueté par son devenir. » La statue du *Grand Transparent,* personnage apparu dans *Prolégomènes à un troisième manifeste du surréalisme ou non* de Breton* (1942), en est une représentation grandeur nature (1,83 m). Mais Hérold préfère raconter des histoires vraies, montrer plutôt que théoriser sur l'art pictural : « Il ne faut pas voir la peinture d'abord. Il faut voir ce que la peinture contient. » Très attaché au livre (*Liseuse d'aigle,* 1942), il considère que peinture et écriture sont intrinsèquement liées. Il collabore avec ses amis Michel Butor, Claude Sernet et Gherasim Luca ses compatriotes, Jean-Pierre Duprey, Julien Gracq*... Pendant la guerre, il participe au jeu* de Marseille où il est chargé de deux cartes, dont celle de Sade (voir « ancêtres »), écrivain qu'il illustrera à plusieurs reprises, notamment dans *L'Aigle, mademoiselle,* lettres réunies par Gilbert Lély, spécialiste du « Divin Marquis ». Pour Alain Jouffroy, Hérold figure « parmi les amis exceptionnels de poètes ».

Jeux

« L'homme est fondamentalement l'*homo ludens* – l'homme qui joue », écrit Waldberg à propos de Dalí, évoquant le raisonnement de Johan Huizinga, historien hollandais, que reprit aussi Breton. « [...] Le jeu – l'activité ludique – est à l'origine des activités humaines les plus complexes [...]. La poésie, l'art, les formes les plus diversifiées de l'expression littéraire ou plastique n'échappent pas à cette commune origine, et dans ces domaines, les surréalistes en ont été les plus conscients, qui tentèrent de restituer au jeu ses vertus divinatoires, prémonitoires et magiques. » Tout est dit, ou presque. Le jeu, avec les mots ou avec les images, est un moyen d'échapper au réel, de prendre du plaisir, d'avoir la liberté de penser, de souder les membres des groupes autour d'objectifs et de désirs communs, d'oublier le monde et ses contingences. « [...] Bien plus qu'une activité ; c'est aussi une attitude et une valeur, une façon de vivre, un mode d'être », souligne Emmanuel Garrigues. Anagrammes de Bellmer*, collages d'Ernst* (ou littéraires de Soupault*), ou encore décalcomanies de Domínguez* ne sont pas seulement des procédés artistiques, mais aussi des jeux. Les revues* ont accordé une large place aux jeux, de *Littérature* (1919-1924) à *La Brèche* (1961-1965), la dernière à en publier. En mars 1921, *Littérature* propose d'accorder une note de moins 25 à plus 20, à une liste d'artistes. Il ne s'agit pas « de classer, mais de déclasser ». Les plus mal notés sont Anatole France (voir « Un cadavre ») et Henri de Régnier ; les trois premiers sont Breton, Soupault et Charlie Chaplin. Ailleurs, deux phrases écrites séparément puis associées par le fruit du hasard, donnent d'étonnants mariages (« Si le mercure courait à perdre haleine/Je te garantis qu'il y aurait de la casse ».). Mais le « cadavre exquis » est incontestablement le plus célèbre des jeux. Le principe, qui sera appliqué aussi bien en poésie qu'en peinture et en dessin, est attribué à Jacques Prévert, qui l'aurait inventé vers 1925, rue* du Château. Le nom vient de la toute première expérience, chacun écrivant un mot à la suite d'un autre, sans voir les précédents (« Le cadavre/exquis/boira/le/vin/nouveau »). L'inconscient, matrice du rêve* si cher aux surréalistes, prouve alors son pouvoir.

Le jeu de tarot tient aussi une place importante dans le monde surréaliste, notamment chez Brauner*, et chez Breton qui, sensible à la divination et à la voyance, prendra le titre *Arcane 17* (1944) en référence à la dix-septième lame (ou arcane, ou atout) du tarot, l'Étoile, femme* symbolisant la renaissance et l'espoir ; à l'exposition* de 1947, un escalier est constitué de vingt et une marches, nombre des arcanes du tarot (la vingt-deuxième est le Fou). À Marseille, où des surréalistes se morfondaient (1940-1941), Breton, encore, proposa de prendre un jeu de carte traditionnel et d'en changer la présentation. Ce « jeu de Marseille », édité depuis 1983 par André Dimanche, montre le degré d'imagination de ce petit groupe : les quatre emblèmes rouges et noirs se transforment en étoile noire, flamme, roue, serrure. Le Joker devient Ubu croqué par son auteur Alfred Jarry. Le valet, qui disparaît pour devenir un mage, les rois (génies) et les reines (sirènes) se voient affublés de nouvelles illustrations puisées dans le fonds surréaliste : Baudelaire, Pancho Villa, Freud ou Lautréamont. Ernst*, Masson*, Lam* ou Domínguez* en assurent la création. Ainsi que Hérold* à qui le tirage au sort attribue Lamiel (personnage de Stendhal) et Sade. Le Divin Marquis dont il illustrera des lettres placardées sur les murs de Paris, et dont le château de Lacoste dominait la maison où il faisait de fréquents séjours.

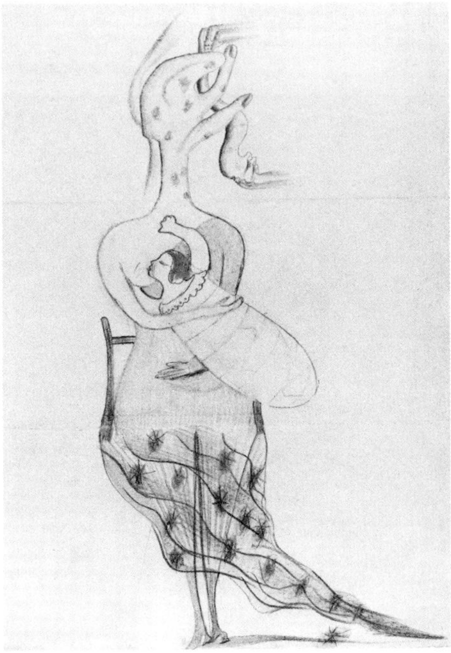

André Breton et Yves Tanguy, *Cadavres exquis.* Paris, Centre Georges Pompidou-MNAM-CCI.

Klee (Paul)

L'Allemand Paul Klee (1879-1940), peintre, poète et théoricien de la peinture, est à lui seul un reflet de l'histoire de l'art dans la première moitié du XXe siècle. Après une formation classique, il se rapproche du cubisme, adhère au mouvement Blaue Reiter de Kandinsky, se trouve en rapport avec Dada*, puis, après la guerre et une recherche intense sur la couleur, enseigne de 1920 à 1931 au Bauhaus de Weimar (école avant-gardiste d'art et d'architecture). En 1933, la persécution des nazis, qui jugent son art* « dégénéré », l'oblige à retourner à Berne où il restera jusqu'à sa mort, laissant une œuvre impressionnante (plus de 9 000 titres au catalogue).
Klee est cité par Breton dans le premier *Manifeste** de 1924. L'année suivante, il participe à une exposition* surréaliste et paraît dans la revue* *La Révolution* surréaliste.* Plusieurs poètes du groupe lui dédient des textes, dont Crevel* qui écrira une monographie à son sujet (*Paul Klee,* 1930), Éluard* avec qui il se sentait de grandes affinités, ou encore Georges Limbour. Klee poursuit sa collaboration tout au long des années 1930. Bien que n'ayant jamais adhéré au groupe, cet artiste se sent proche des surréalistes lesquels, en retour, avouent être influencés par sa recherche : sortir de l'inconscient des images plongées dans le secret de l'âme, mais en toute conscience, ce qui le différencie des surréalistes ; les restituer sur un support, souvent du papier ; une écriture picturale volontiers automatique*, d'où émergent le rêve*, le merveilleux et l'humour, « au-delà du réel », a-t-il déclaré lors d'une conférence sur l'art moderne, à Iéna (1924).

Lam (Wifredo)

Le peintre cubain Wifredo Lam (1902-1982) est né d'un père chinois et d'une mère mulâtresse, origines qui illustrent son cosmopolitisme et son

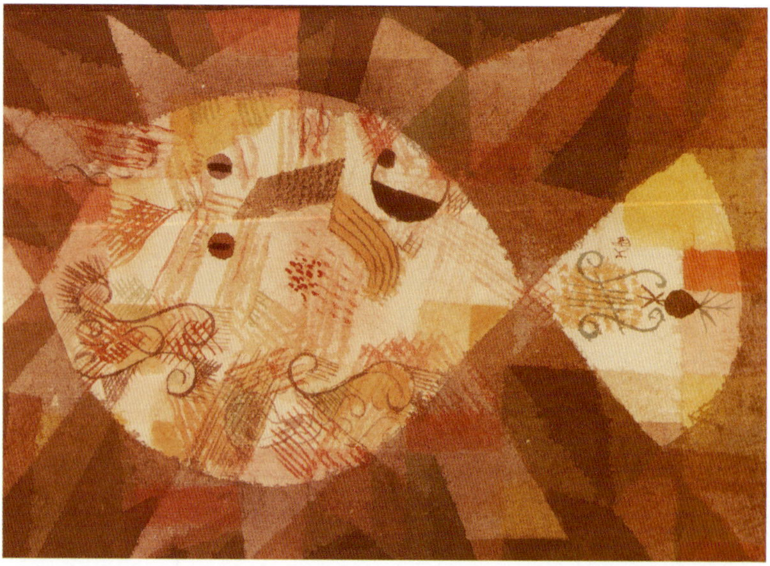

Paul Klee, *L'ordre du contre-ut,* 1921. Aquarelle sur papier, 33 x 23,5. Collection particulière. (aquarelle vendue par Éluard à R. Penrose, en 1938).

ouverture d'esprit nourri par les paysages et la mythologie antillais. De culture et de langue espagnoles, il se rend en Espagne en 1924 pour parfaire sa formation artistique et travailler à son œuvre, encore discrète et marquée par l'influence de Picasso. Engagé du côté des républicains pendant la guerre civile qui ravage ce pays, il gagne Paris* après la défaite de ces derniers (1937). Il fait la connaissance de Picasso qui, enthousiasmé par son travail, favorise sa première exposition, à la galerie de Pierre Loeb (1939). Lam rencontre les surréalistes, dont Brauner, Breton, Domínguez*, Ernst*, et son art* prend désormais les accents d'un monde surréaliste. Au début de la guerre, il participe au jeu* de Marseille, puis gagne Cuba ; en chemin, il rencontre Aimé Césaire à la Martinique, poète de ses Antilles, qui écrira : « La peinture de Wifredo Lam roule bord sur bord sa cargaison de révolte* : hommes pleins de feuilles, sexes poussés à contresens, hiératiques et tropicaux : des dieux. » À Cuba, Lam peint *La Jungle,* en 1942-1943, l'une de ses œuvres majeures, exposée à New York : son univers prend forme. Dès lors, hommes, animaux, masques ou créatures infernales évoluent dans des paysages sans cesse en mouvement. Une richesse picturale puisée aussi dans les contes cubains ou africains. À Haïti (1945), Lam se familiarise avec les cérémonies vaudou, rite né dans son Afrique ancestrale, aux dessins puissamment symboliques, à la magie subtile. Installé en Europe après 1952, il restera fidèle aux surréalistes tout en militant pour la reconnaissance de la peinture cubaine à l'étranger, et de l'art européen à Cuba où sa peinture sera saluée par Fidel Castro.

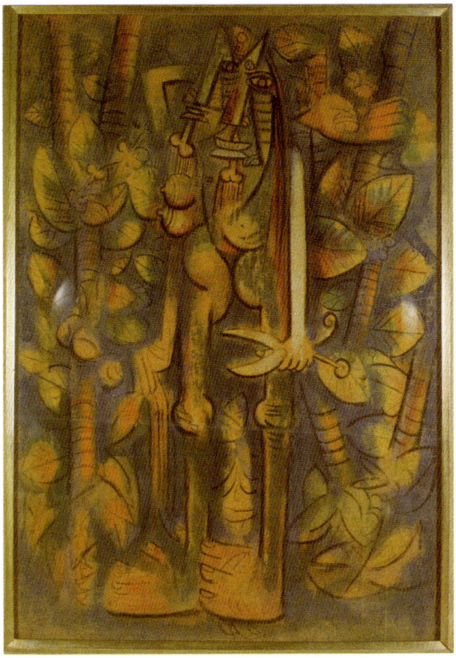

Wifredo Lam, *La Jungle,* 1942. Huile sur papier marouflé. Chicago, Collection Bergman.

Leiris (Michel)

En 1922, Michel Leiris (1901-1990) rencontre Masson* rue* Blomet. Il est séduit par l'esprit qui règne dans cet atelier que visite Georges Bataille. Il révélera que Masson, qui sera l'un de ses grands complices (*André Masson et son univers*, 1947, avec Georges Limbour), lui a ouvert les yeux sur le choix d'être poète ou peintre : il faut être en « fusion » avec son art* ; une écriture engagée ne suffit pas, il faut s'y engager pleinement. Bien qu'épris de liberté et d'indépendance, Leiris adhère au surréalisme en décembre 1924. Mais il rompt avec le groupe en 1929, estimant que le chemin politique* choisi (communiste) prend le pas sur l'exploration de l'imagination, gage de liberté. L'année sui-

vante, il se joint au pamphlet contre Breton*, *Un* cadavre.*
Si Leiris se dit poète au début de son itinéraire, s'il raconte *Le Pays des Rêves** (1925), s'il publie un essai (*Simulacre,* 1925) illustré par Masson, s'il cède à la fiction (*Aurora,* 1946) et inspecte le langage comme Desnos*, son évolution le conduit vers une longue confession : l'autobiographie. Une exploration intérieure, peut-être liée à la psychanalyse qu'il a entamée en 1929. Mais aussi extérieure : « Pour Michel Leiris, qui s'est posé [...] toutes les questions dont on harcèle en général les professionnels du langage, l'écriture est l'instrument qui permet de faire cesser la tricherie à laquelle – en Occident – les conditions de sa vie matérielle et sociale prédisposent tout écrivain », écrit Alain Jouffroy. Tout dévoiler et puiser au fond de soi l'impérieux besoin de révéler : *Rien n'est jamais fini,* semble dire son œuvre, pour reprendre le titre d'un texte du *Haut mal* (1943). Chercher le sacré et le rituel là où les hommes ne les pratiquent que par nécessité, au-delà des terres occidentales. De fait, Leiris devient ethnographe, sillonne l'Afrique, et se rendra en Chine et à Cuba. Dans la préface de *L'Âge d'Homme,* rappelle Jouffroy, Leiris avertit : « Dire tout et le dire en faisant fi de toute emphase, sans rien laisser au bon plaisir et comme obéissant à une nécessité. » Cet ouvrage, publié en 1939, où Leiris rend hommage à ce qu'il doit au surréalisme, est sa première exploration autobiographique – elle sera suivie d'une somme de quatre livres réunis dans *La Règle du jeu* (1948-1976), puis de *A cor et à cri* (1988). Il est dédié à Bataille, fondateur en 1936 du collège de sociologie auquel il collabora. Avec Bataille, Desnos, Giacometti*, Georges Limbour, Masson, Miró*, Picasso et d'autres firent partie de l'univers de Leiris.

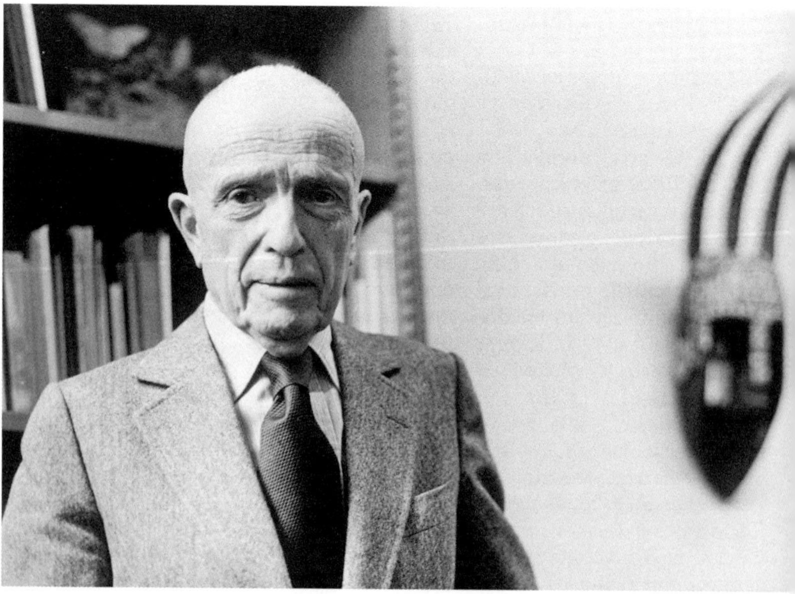

Michel Leiris, par Carlos Freire en 1979.

MAGRITTE (RENE)

Le piège des apparences
Formé à l'académie des beaux-arts de Bruxelles, attiré d'abord par le cubisme et le futurisme italien (voir p. 9/11), le peintre belge René Magritte (1898-1967) trouve sa voie en découvrant *Le Chant d'amour* de De Chirico* en 1922 et les collages d'Ernst*, les seuls artistes contemporains qu'il estimera. Alors employé dans une usine de papiers peints, où il reproduit sans cesse des motifs, il prend conscience de la valeur des objets usuels et capables, par leur banalité, d'un grand pouvoir : provoquer par l'insolite. Membre du groupe surréaliste Correspondance de Bruxelles, il adhère au surréalisme de Breton en 1926, époque où il peint *Le Jockey perdu,* considérée comme sa toute première œuvre surréaliste. Magritte s'installe l'année suivante près de Paris* et, jusqu'en 1930, participe aux réunions de la rue* Fontaine et à la vie du groupe parisien. Il en désapprouve l'engagement et retourne à Bruxelles (1930) tout en continuant de collaborer aux expositions* et aux publications. Pour Magritte, la substitution d'un objet par un autre, permet de prouver que cet objet est investi d'une mission que les convenances lui ont attribuée, ainsi qu'un nom, les deux étant indissociables : son qualificatif et son emploi piègent les apparences (*Ceci n'est pas une pomme,* 1964). D'où l'utilité d'associer des choses, des personnages ou des paysages qui n'ont aucun rapport (par exemple une pomme de terre et une main dans *Le Musée d'une nuit,* 1929), d'en créer aussi (main prolongée par un visage dans *Les Bijoux indiscrets,* 1963). Sa technique, sobre, presque académique, ajoute à la confusion. L'image est trompeuse car gravée dans notre mémoire. C'est pourquoi, il affuble aussi ses tableaux de titres déroutants, pour éviter de les faire tomber dans le domaine du possible, de ne jamais se conformer au réel, mais en donnant à celui qui le regarde, une liberté totale. « Mes tableaux ont été conçus pour être des signes matériels de la liberté de la pensée. Ils visent, dans toute la "mesure du possible", à ne pas démériter du Sens, c'est-à-dire de l'Impossible », écrit-il. La présence récurrente de grelots (*La Voix des vents,* 1932), de matières détournées de leurs fonctions premières, d'un homme au chapeau à partir 1926 (*Les rêveries du promeneur solitaire*), de silhouettes et de formes floues au pouvoir de suggestion, tout cela traduit un climat obsédant empli de merveilleux, l'écriture picturale de Magritte n'étant pas auto-matique* mais raisonnée, consciente, voulue ; approche inusitée dans le surréalisme. La mort, l'inquiétude, l'angoisse percent dans son œuvre peint, certains auteurs voyant l'origine de ces traits dans la mort de sa mère, noyée dans la Sambre quand il avait quatorze ans. Cet homme qui menait une existence tranquille, discret sur ses sentiments, qui s'intéressait avant tout au présent, et peignait des « leçons de choses » (formule de Breton), était animé d'un humour noir dévastateur qui transpire dans tout son travail resté intemporel à ce jour.

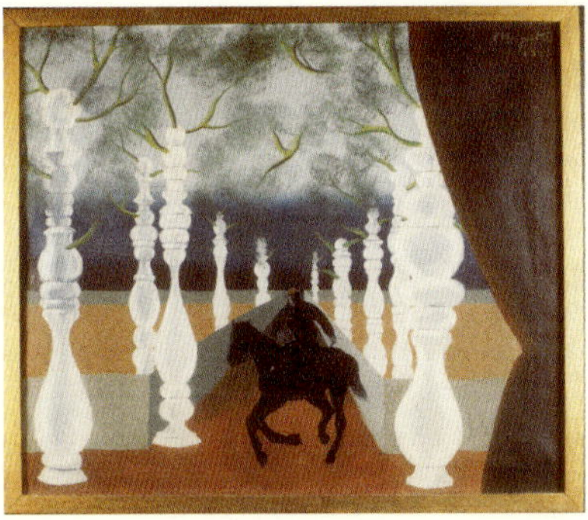

René Magritte, *Le Jocker perdu,* 1926. 65 x 75 . Huile sur toile. Collection particulière.

MANIFESTES DU SURREALISME

Après l'expérience de la revue* *Littérature* – fondée en 1919, l'engagement puis la rupture avec Dada* et Tzara* (1922), André Breton*, tenant compte des recherches effectuées sur le rêve* et l'écriture automatique*, sent qu'il est temps de préciser un projet surréaliste constructif. C'est l'objet du premier *Manifeste,* paru en octobre 1924, qui sert de grand préambule à son texte automatique, *Poisson soluble* – celui-ci disparaîtra dans les éditions ultérieures. Le mot de manifeste, en dehors de toute coloration politique*, a déjà été utilisé par Tzara en 1918.

Breton commence par louer la liberté, les droits de l'homme à se libérer de l'existence qui lui est proposée, en se servant de cette « Chère imagination, ce que j'aime surtout en toi, c'est que tu ne pardonnes pas ». Un état qui peut conduire à la démence, du moins jugée telle par l'ordre établi, mais aussi au rêve – précisons que pour ses développements Breton s'appuie sur les théories de Freud, qu'il a rencontré en 1921. Cette capacité peut alors produire le merveilleux, qui « est toujours beau ». Le roman n'est pas l'outil adapté puisqu'il ressort avant tout du réel, contrairement à la poésie et à l'écriture automatique, produit de l'inconscient libéré. Bien sûr, Breton rappelle que le surréalisme doit beaucoup à ses ancêtres*, dont Rimbaud, Reverdy*, Vaché* et Apollinaire qui leur inspira le mot surréalisme pour désigner ce « nouveau mode d'expression pure ». Il propose ensuite la définition de ce mot (voir p. 8) et cite les membres du groupe qui « ont fait acte de SURREALISME ABSOLU » : Aragon*, Éluard*, Soupault*, Vitrac*… autant d'amis qui trouvent place en permanence dans son « château » personnel. Secrets de l'art* magique du surréalisme clôt l'ensemble par une série de textes comme *Pour écrire de faux romans* ou *Contre la mort,* qui confirment que le surréalisme n'est pas une école littéraire ou artistique mais un vaste champ d'expériences ouvert sur l'avenir et mis au service de l'homme.

Le *Second Manifeste,* paru en 1929 dans le dernier numéro de *La Révolution surréaliste* (voir « revues »), possède un ton plus agressif, voire violent et polémique. Il donne l'occasion à Breton, après le « procès du Grand* Jeu », les affaires qui ont vu les exclusions d'éminents surréalistes comme Desnos*, de faire le point. Le surréalisme, qui a connu sa grande époque, est agité et en mutation. Si la notion de liberté tient toujours une place de choix, Breton introduit plus précisément l'idée de révolution* à laquelle, à son avis, n'ont pas souscrit convenablement Masson*, Georges Limbour ou Artaud*. Le surréalisme, qui n'est pas allé aussi loin que prévu, doit poursuivre et approfondir ses recherches. Breton propose par exemple de recourir à l'alchimie ou aux sciences occultes et « DEMANDE L'OCCULTATION PROFONDE, VERITABLE DU SURREALISME » afin d'éviter les pièges du succès. Une sorte de société initiatique réclamant une forma-

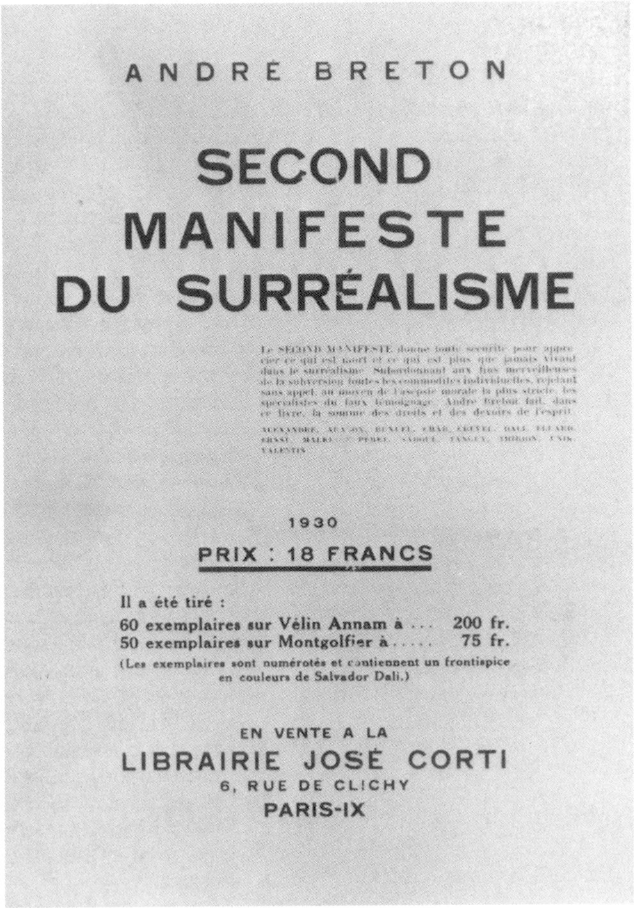
ANDRÉ BRETON

SECOND MANIFESTE DU SURRÉALISME

Le SECOND MANIFESTE donne toute sécurité pour apprécier ce qui est mort et ce qui est plus que jamais vivant dans le surréalisme. Subordonnant aux fins merveilleuses de la subversion toutes les commodités individuelles, rejetant sans appel, au moyen de l'asepsie morale la plus stricte, les spécialistes du faux témoignage, André Breton fait, dans ce livre, la somme des droits et des devoirs de l'esprit.

ALEXANDRE, ARAGON, BUNUEL, CHAR, CREVEL, DALI, ELUARD, ERNST, [illegible], PERET, SADOUL, TANGUY, THIRION, UNIK, VALENTIN

1930

PRIX : 18 FRANCS

Il a été tiré :
60 exemplaires sur Vélin Annam à . . . 200 fr.
50 exemplaires sur Montgolfier à . . . . . 75 fr.
(Les exemplaires sont numérotés et contiennent un frontispice en couleurs de Salvador Dali.)

EN VENTE A LA
LIBRAIRIE JOSÉ CORTI
6, RUE DE CLICHY
PARIS-IX

tion particulière : « Il faut empêcher le public d'entrer, si l'on veut éviter la confusion », écrit Breton qui envisage une sorte de morale surréaliste. En outre, l'homme « non corrompu doit être capable de mettre [sa foi], non seulement dans la Révolution, *mais encore dans l'amour** ». Breton règle aussi quelques comptes avec ses anciens compagnons (il le regrettera dans l'*Avertissement* de la réédition de 1946). Ceux-ci réagissent en 1930 avec le pamphlet *Un* cadavre*.
Le mot « second » suggère qu'il n'existe pas de « troisième ». En effet, Breton n'a écrit que des *Prolégomènes à un troisième manifeste du surréalisme ou non,* en 1942 à New York. La guerre menace de faire disparaître le surréalisme, lequel n'a toujours par rempli toutes ses missions. Ces deux données nécessitent donc de trouver un mythe nouveau et Breton propose celui des Grands Transparents que Hérold* illustrera par une œuvre admirable.

Bulletin de souscription pour le *Second Manifeste du surréalisme* d'André Breton.

Masson (André)

De terre et de lutte

Engagé dans son art*, soucieux de recherches mais non de doctrine, André Masson (1896-1987), né dans l'Oise, suit d'abord les cours de l'Académie royale de Bruxelles où sa famille s'est installée, puis ceux des beaux-arts de Paris*. Mobilisé en 1915, il est blessé en 1917, lors de l'offensive meurtrière (et inutile) du chemin des Dames. Cette blessure physique, à laquelle s'ajoute des ravages de l'esprit qui lui valent d'être interné pendant un temps, font grandir en lui un sentiment de révolte* contre la guerre, l'injustice, les hommes fauchés, souffrant, mutilés, hurlant de douleur – il le raconte dans *La Mémoire du monde* (1974).

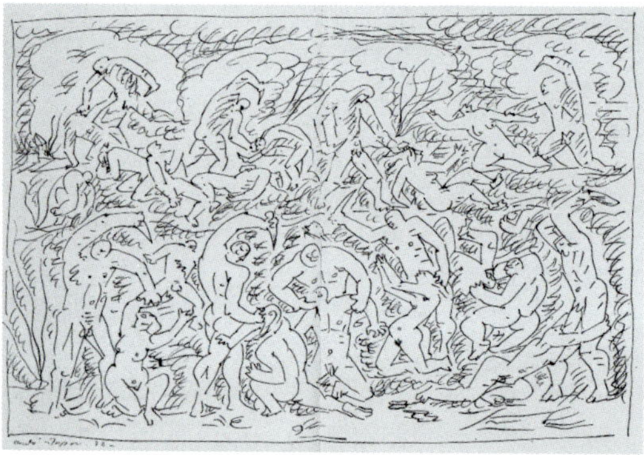

André Masson, *Massacres*, dessin in *Minotaure*, mars 1933.

Viscéralement attaché à la terre, il est désormais marqué par la violence, le sang, la cruauté et la mort. Il reprend la peinture, rencontre Max Jacob (1920) qui lui présente le galeriste Daniel Henry Kahnweiler, à qui il restera quasiment fidèle. En 1922, il vit rue* Blomet et lui, l'homme du Nord, se lie avec Miró*, l'homme du Sud, de la Catalogne. Connus à cette époque, Georges Limbour et Leiris* (qui partagera avec lui le goût de la tauromachie) seront ses deux grands complices. Masson, encore influencé par le cubisme (*Les Points cardinaux*, 1923), crée alors ses premiers dessins érotiques, où une puissante sexualité* s'affronte à la sombre mort, trait désormais caractéristique de son travail. Après une exposition, Breton*, séduit, lui rend visite au printemps 1924 et Masson, dont le style commence à se défaire de ses influences, produit des dessins « automatiques* » publiés dans *La Révolution* surréaliste.* Ses « tableaux de sable » (1926-1927), matériaux collé et peint très vite, montrent sa volonté de faire corps avec la matière, de se fondre littéralement dans le support. Au final : « Presque toujours le ciel était indiqué en haut par une petite tache bleue et en bas, une flaque de sang, c'était inévitable », confiera-t-il à Jean-Paul Clébert. Masson, surréaliste participant aux jeux* (tout en restant à distance du groupe), se lance dans des *Métamorphoses* (1926) qui illustrent, dans un monde totalement créé, son souci de dépasser la mort. Il fournit aussi des œuvres pour les livres d'amis, dont Artaud* (*L'Ombilic des limbes*). Mais il s'éloigne du surréalisme en 1929 et se rapproche de Georges Bataille. Dans le *Second Manifeste**, Breton lui reproche : « C'est M. Masson [Breton use volontiers du "Monsieur" pour qualifier ses anciens amis], de qui les convictions surréalistes pourtant très affichées n'ont pas résisté à la lecture d'un livre intitulé *Le Surréalisme et la peinture* [de Breton] où l'auteur [...] n'avait pas cru devoir, ou pouvoir [!], lui donner le pas sur Picasso, que M. Masson tient pour une crapule [...] » Tous deux reprennent contact en 1937. Au début de la guerre, il est l'un des auteurs du jeu de Marseille, puis gagne les États-Unis où il retrouve Breton avec qui il rompt définitivement en 1943, à la suite de désaccords. Sa seconde période surréaliste prend fin. Masson, qui aimait représenter des fenêtres, a continué ensuite à ouvrir celles de son propre univers.

Matta (Roberto)

L'artiste chilien Roberto Matta, né en 1911, formé à l'architecture, gagne la France en 1933 où il travaille pour Le Corbusier, puis voyage en Europe au gré des chantiers. Il fait la connaissance de Magritte* qui, dès 1937, époque des premiers dessins de Matta, salue l'originalité de ses compositions. À Paris*, cette même année, il rencontre Dalí* grâce à une lettre d'introduction que lui a remise le poète Federico García Lorca, visité à Madrid en 1934. Puis Breton* qui s'intéresse à son travail sur lequel il écrira beaucoup (*Le Surréalisme et la peinture*). Matta publie dans la revue* *Minotaure* et entame en 1938 une série de peintures, les *Morphologies psychologiques,* assorties de titres en forme de jeux de mots qui jalonneront son œuvre. Le principe consiste, par un automatisme* total, à faire surgir sur une toile maquillée de couleurs ce qui est enfoui dans l'inconscient, un véritable voyage à l'intérieur de soi (*Inscape,* 1939), de sorte à créer des formes inscrites dans un temps précis. Son œuvre, originale et novatrice, se dote alors de créatures et de machines, de structures et d'êtres surnaturels évoluant dans un cosmos et une architecture imaginaires, des planètes étranges qui occupent parfois de grands formats.

En 1939, Matta gagne New York où il rejoint Tanguy*, et Duchamp* dont l'influence et la reconnaissance le nourrissent (Duchamp est présent dans son travail sous le personnage du Vitreur). Breton l'exclut du groupe en 1948 pour des raisons complexes – ce qui entraîne le départ de Brauner* – et le réintègre en 1957. Car Matta n'a cessé d'être surréaliste. Il fut aussi un artiste engagé dans son temps, révolté* par l'exécution des époux Rosenberg (*Les roses sont belles*) aux États-Unis en 1953, ou sensible à l'appel de *La Question,* ouvrage d'Henri Alleg sur la torture en Algérie (*La Question,* 1957). Ami d'Henri Michaux, il a conçu avec lui l'ouvrage *Vigies sur cible* (1959).

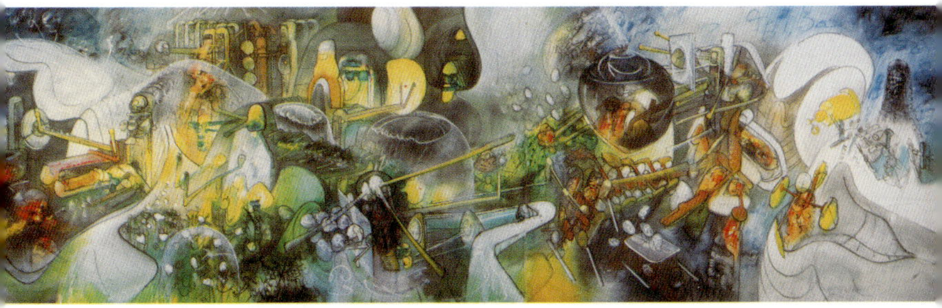

Les puissances du désordre, titre attribué : *L'heure de la vérité,* 1964/65, Huile sur toile, 298 x 993. Paris, Centre Georges Pompidou MNAM-CCI.

Miró (Joan)

Le Catalan Joan Miró (1893-1983), qui fut très attaché à sa terre d'origine, est né à Barcelone où l'on peut admirer son superbe musée orné entre autres de ses céramiques. Son univers est servi par un style très personnel et reconnaissable, fruit d'une longue et parfois pénible évolution, où le surréalisme joua un rôle prépondérant. Attiré très tôt par le dessin, mais peu doué pour l'académisme, il pallie ce manque par la reproduction saisissante de ce qu'il rêve*. Formé à l'académie de Francisco Gali, il comprend en effet que, lorsque son professeur lui bande les yeux pour mieux lui faire goûter la forme et la matière d'un objet, celui-ci peut aussi être vu de l'intérieur, en lui. Il réalise ses premières œuvres dès 1915, mélange de cubisme et de fauvisme, où se reconnaît déjà son souci permanent du détail et de l'épure. Trois ans plus tard, il rencontre Picabia* qui a fondé la revue* *391,* mais préfère gagner Paris* où un souffle nouveau correspond davantage à ses aspirations. Il s'y installe définitivement en 1920, rue* Blomet, son voisin étant Masson*. Entre ces deux hommes s'instaure une profonde amitié. L'effervescence qui règne alors, des poètes comme Reverdy*, Tzara* ou Max Jacob, et bien sûr Dada* auquel il participe, concourent à mûrir le talent de Miró qui peint *Terre labourée* (1923), tableau dont les personnages, moins réalistes que dans *La Ferme* (1922), commencent à prendre les rondeurs et la poésie qui lui sont si particulières. Cette métamorphose, ce bestiaire emprunt de jovialité, ces êtres humains réduits à un signe ou deux, les astres atypiques et les signes s'expriment d'autant plus dans *L'Ermitage* (1924), *Tête de paysan catalan* (1925), et *Le Carnaval d'Arlequin* (1924-1925). Miró a trouvé la veine qui irriguera tout son travail, son secret message venu de « l'intérieur », restitué par une intuition et une spontanéité automatiques* de ses objets personnels, une palette de couleurs

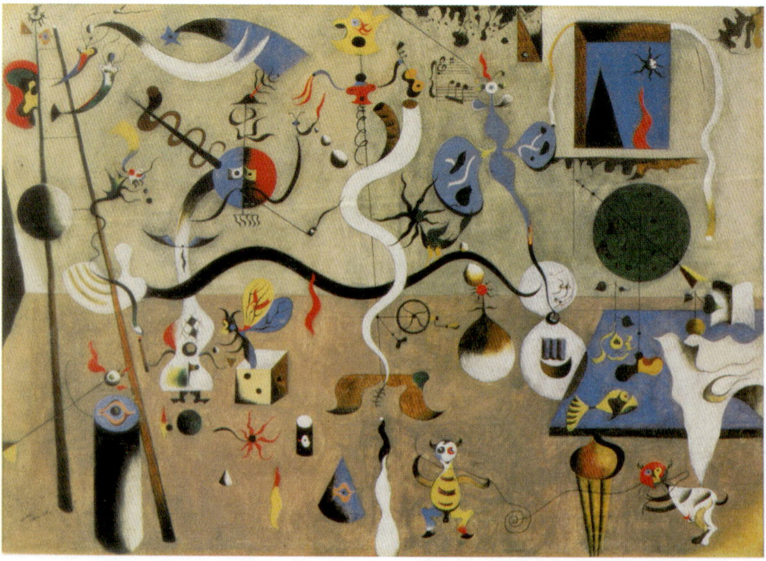

Joan Miró, *Le carnaval d'Arlequin,* 1924/25. Huile sur toile, 66 x 93. Buffalo (N.Y). Albright-Knox Art Gallery.

spécifiques. Sa participation au surréalisme se comprend, bien que son engagement ne fût pas total. Il a créé une peinture qui lui permet même d'interpréter les peintres hollandais du XVIIe siècle dans sa série des trois *Intérieurs hollandais* (1928). En 1941, Breton, qui l'a découvert en 1924 par Masson, écrira : « Sa production atteste une innocence et une liberté qui n'ont jamais été dépassées » (*Le Surréalisme et la peinture*). Cet artiste, qui n'hésitait pas à peindre sur de la toile grossière ses *Constellations* (1940-1941), fut invité, au crépuscule de sa vie (1970), à imaginer et concevoir un pavillon de l'Exposition universelle d'Osaka : celui du rire. Miró, qui disait « assassiner la peinture », se sentira surréaliste jusqu'à son dernier soupir.

Naville (Pierre)

La famille des Naville est aisée, ce qui permet à Pierre Naville (1904-1993), après avoir rencontré Breton en 1923, de mettre le 15, rue* de Grenelle à la disposition du Bureau de recherches surréalistes. En 1924, il fait la connaissance de son épouse, Denise Kahn, l'une des femmes* inspiratrices des surréalistes – elle sera la Bérénice du *Aurélien* d'Aragon* (1944) qui l'a aimée. Dans le premier *Manifeste**, Naville est de ceux qui font « acte de SURREALISME ABSOLU » et participent à la fondation du « mouvement ». Il publie *Les Reines de la main gauche,* écriture automatique*, et assure avec Péret* la codirection des premiers numéros de *La Révolution surréaliste.* Breton en reprend les rênes en 1925, Naville étant parti au service militaire et, surtout, parce qu'il a écrit dans cette revue* qu'il n'existait pas de peinture surréaliste, c'est-à-dire automatique. Breton réagit par un article (qui sera contenu dans *Le surréalisme et la peinture*). Dans *La Révolution* et les intellectuels,* brochure de 1926, Naville, pour qui la poésie ne suffit pas à servir la révolution afin d'améliorer le sort du genre humain, exhorte les surréalistes à « s'engager résolument dans la voie révolutionnaire, la seule voie révolutionnaire, la voie marxiste ». Cette même année, il adhère au PCF, suivi peu après par Breton qui a néanmoins rappelé que l'engagement politique* ne devait pas supplanter l'exploration du rêve* et de la connaissance (*Légitime défense*). Cette période marque aussi l'éloignement de Naville qui rejoint définitivement la revue de gauche *Clarté,* tout en gardant des relations avec ses compagnons surréalistes. Ami de Trotski, il est exclu du PC en 1928. Il mènera un long chantier sociologique sur le travail (*Le nouveau Léviathan*), et publiera ses *Mémoires imparfaites* (1987).

Paris

Dès 1917, Aragon et Breton font d'interminables promenades dans Paris, qui reste, historiquement, la ville des surréalistes. Le premier groupe s'y est constitué, certaines des expositions* importantes y ont été organisées, et les grandes revues* surréalistes étaient en grandes partie « parisiennes ». Les surréalistes furent également très attachés à la ville elle-même, où « tout peut devenir possible » rappellent Henri Béhar et Michel Carassou. Dans *Le Paysan de Paris,* Aragon raconte certaines de ses balades à travers les méandres

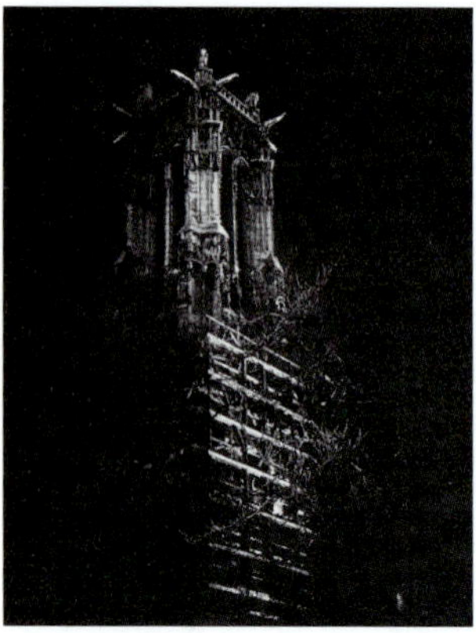

Brassaï, *La tour Saint-Jacques.*

de la capitale, activité hautement surréaliste. Paris est aussi chargée de symboles propices au rêve*, un être véritable qui possède un ventre (Les Halles) et une mâchoire (La Villette) chère à Jacques Prévert. Breton*, dans *L'Amour* fou*, avoue sa fascination pour la tour Saint-Jacques, photographiée* par Brassaï, et relate ses déambulations. Son *Nadja,* fruit d'une rencontre, débute rue Lafayette. Desnos*, qui est né et a vécu rue Saint-Martin, au pied de l'église Saint-Merri, évoquera souvent ce quartier historique, vivant et populaire.
L'essentiel, dans toutes ces errances, est la quête d'imprévu, d'insolite, de magie et de merveilleux, à l'image de Masson* séduit par le Marais ; il convient d'en utiliser les ressources, comme les noms de rues* de l'Exposition de 1938. Paris est le réservoir d'autres rues hautement surréalistes, foyers bouillonnants de culture : Fontaine, Château, Grenelle, Blomet. Mais Paris a vu aussi les dissensions entre Breton et Dada*, lors du congrès qui porte son nom. Cité d'amour et de querelles, elle est enfin celle des secrets, de ces passages de la rive Droite, en vogue à la fin du XIXe siècle où ils grouillaient de monde agglutiné aux vitrines des boutiques florissantes. Puis, la mode souveraine a changé, les vidant de leur vie, les transformant après la Grande Guerre en lieux hantés par des fantômes qu'Aragon* aime explorer lors de ses flâneries.

Péret (Benjamin)

Benjamin Péret (1899-1959), qui se voua à l'écriture et à la révolution*, fut le plus fidèle ami et compagnon de Breton. Il fut surréaliste jusque dans sa propre existence, refusant les compromissions, aspirant à une liberté qui rendit sa vie quotidienne souvent difficile, voire misérable.
Né dans la proche région de Nantes, ville hautement surréa-

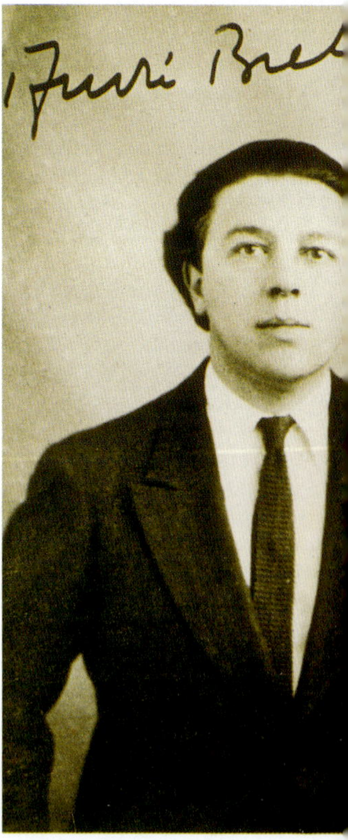

liste (voir « Vaché », « Breton »), Péret s'installe à Paris en 1920, rencontre presque aussitôt Breton, paraît dans la revue* *Littérature* et participe au dadaïsme*. Il publie l'année suivante *Le Passager du Transatlantique,* textes qui seront repris dans son recueil *Le Grand Jeu* (1928). Ses œuvres sont illustrées par Arp*, Ernst*, Man Ray*, Tanguy*. Il participe activement aux séances de rêves*, auxquelles il amène Desnos*. Il codirige un temps *La Révolution surréaliste* (avec Naville*), adhère au parti communiste (1926), combat contre les franquistes en Espagne (1936). Mobilisé au début de la guerre, il échoue à la prison de Rennes pour activités trotskistes, s'évade et gagne le Mexique (1941). Après la Libération, il retourne en France où, jusqu'à sa mort précipitée par une santé fragile, il consacre son énergie à animer le groupe surréaliste.
Provocateur, irrévérencieux, anticlérical jusqu'au bout des ongles, Péret laisse une série de contes et une poésie où les images se succèdent à un rythme élevé. Il a cherché en outre à dénoncer l'ordre bourgeois, la convenance, l'immobilisme. Ainsi, en 1931, il s'est rendu au Brésil dont il a été chassé pour « subversion ». Dans *Le Déshonneur des poètes* (1945), il explique que le poète « combat pour que l'homme atteigne une connaissance à jamais perfectible de lui-même et de l'univers. Il ne s'ensuit pas qu'il désire mettre la poésie au ser-

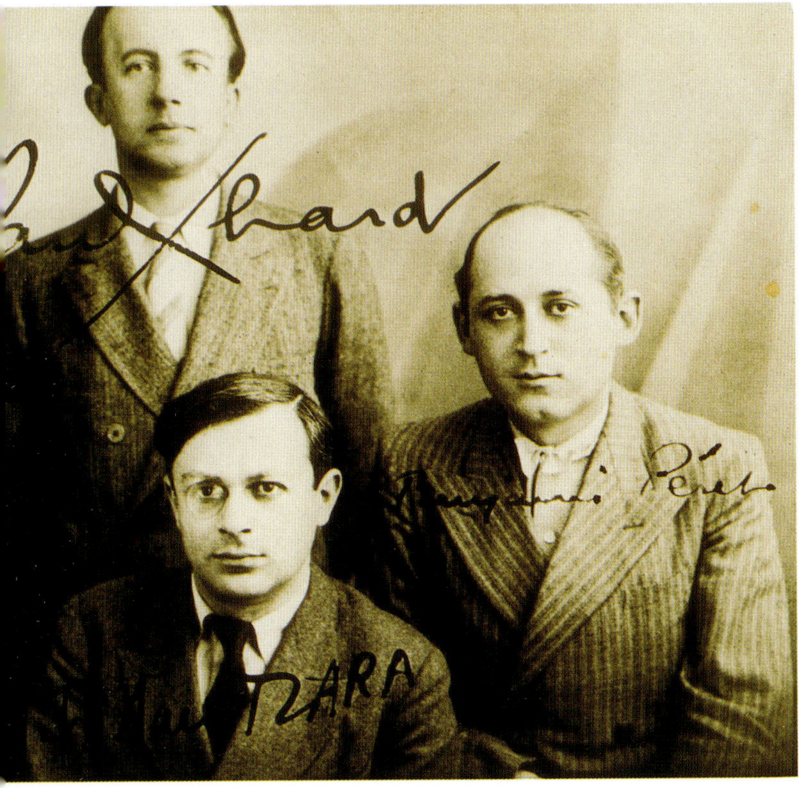

André Breton, Paul Éluard, Tristan Tzara et Benjamin Péret, 1920.

vice d'une action politique, même révolutionnaire*. Mais sa qualité de poète en fait un révolutionnaire qui doit combattre sur tous les terrains : celui de la poésie par les moyens propres à celle-ci et sur le terrain de l'action sociale sans jamais confondre les deux champs d'action sous peine de rétablir la confusion qu'il s'agit de dissiper, et par suite, de cesser d'être poète, c'est-à-dire révolutionnaire. » Péret veut montrer la société moderne du doigt et revenir aux sources du monde que représentent les sociétés anciennes où l'imaginaire, le merveilleux (il « est partout, de tous les temps, de tous les instants. », *La parole est à Péret,* 1943) et la poésie ont leur place, comme l'indique son *Anthologie* des mythes, légendes et contes des Indiens d'Amérique* (publiée en 1960).

Photographie

Il n'a pas existé de photographie spécifiquement surréaliste, mais plutôt des surréalistes photographes. Le surréalisme a néanmoins contribué à l'évolution de cet art* : montage, découpage, collage, procédés techniques… La photographie, source de merveilleux aux multiples possibilités, ne sert pas aux surréalistes à copier ou reproduire fidèlement une réalité, mais à inventer, recréer, piéger un instant, simple trace d'un temps à peine saisi et déjà révolu. Ernst*, en pleine période dada*, est passé maître dans l'art de couper, assembler, inventer. Breton*, Char*, Éluard* ou Jindrich Styrsky, cofondateur du groupe surréaliste de Prague (1934), se sont aussi essayé aux matériaux photographiques. Un cliché en apparence banal, montrant un site ordinaire, peut en effet servir de support à l'imaginaire, tant plastique avec les œuvres de Brassaï ou d'Eli Lotar, que littéraire. Ainsi, dans la préface de *Nadja* (1928), Breton rappelle que le recours à des photos dans son ouvrage, comme les Puces de Saint-Ouen ou une femme* de cire du musée Grévin, « a pour objet d'éliminer toute description – frappée d'inanité dans le *Manifeste* du surréalisme* – […] » ; on y voit également La librairie de l'Humanité, de Jacques-André Boiffard, l'un des surréalistes « absolus » du premier *Manifeste.* Breton a repris ce principe dans *L'Amour* fou* et *Les Vases communicants.*

De même qu'ils apprécient le cinéma* populaire, les surréalistes préfèrent tirer leur portrait dans un photomaton et publier le résultat dans les revues* du groupe, comme la célèbre composition de Magritte*, *Je ne vois pas la femme cachée dans la forêt* (décembre 1929), parue dans *La Révolutioni surréaliste.* On y voit les surréalistes d'alors, les yeux fermés, plongés en plein rêve*. Un photomaton est d'ailleurs automatique*, ce qui correspond à l'approche de Breton en 1921 : « L'invention de la photographie a porté un coup mortel aux vieux modes d'expression, tant en peinture qu'en poésie où l'écriture automatique apparue à la fin du XIXe siècle est une véritable photographie de la pensée. » Mais le surréalisme n'a pas fait que ces pieds de nez à la réalité, il a aussi loué les vertus des procédés de Man Ray* (rayographie et solarisation), auteur entre autres de portraits de surréalistes saisis dans l'esprit énoncé ci-dessus,

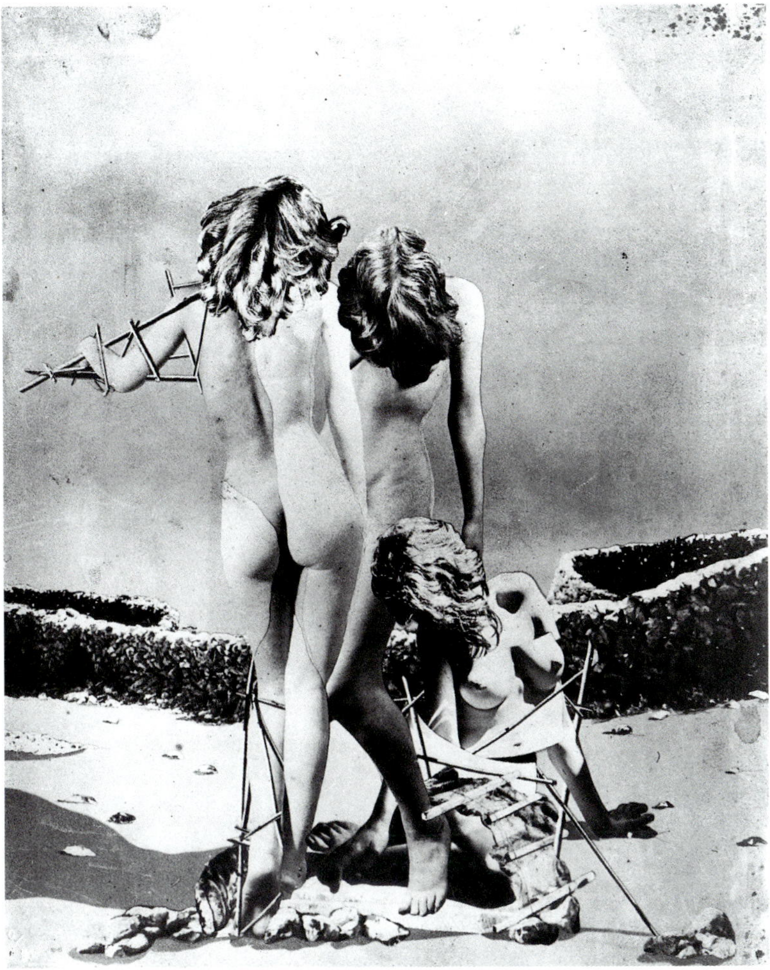

Raoul Ubac, *Le Triomphe de la stérilité,* vers 1936. Collection particulière.

et d'un photomontage qui les représente en 1934, *L'Échiquier surréaliste.* De son côté, le Belge Raoul Ubac, considéré comme l'autre grand surréaliste photographe, commence dans les années 1930 par utiliser la photographie pour « amener au jour certaines révélations des profondeurs » à l'aide de techniques variées. Il brûle, colle, utilise la solarisation. Il transforme des monuments de Paris* et les « fossilise » en superposant et en décalant leur négatif et leur positif.

Picabia (Francis)
Farouchement indépendant et libre, anticlérical et antireligieux (son pamphlet *Jésus-Christ rastaquouère,* 1920), hors des modes et des courants, nihiliste, grand précurseur et provocateur, Francis Picabia (1879-1953) a laissé une indéniable empreinte dans l'art* du XXe siècle, influence qui n'a été reconnue que dans les années 1960. Issu d'un milieu aisé et sécurisant, il commence par être un peintre postimpressionniste de renom dont les toiles se vendent cher au tout

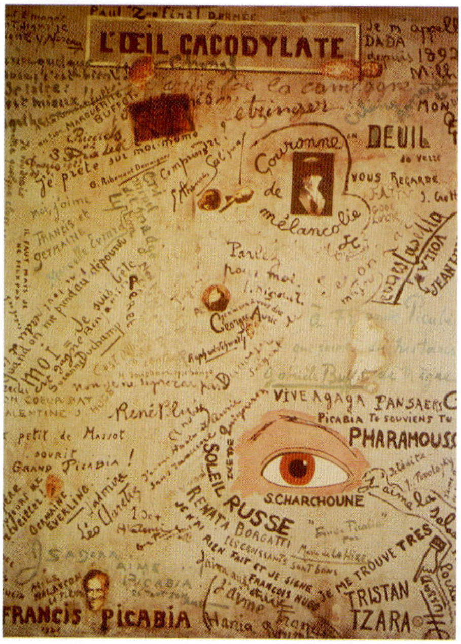

Francis Picabia, *L'Œil cacodylate,* 1921. Huile sur toile et collage photographique, 146 x 114. Paris, Centre-Georges Pompidou MNAM-CCI.

début du XXe siècle. En 1908, lassé par cette peinture qui reprend les accents de Sisley, il rompt avec son marchand Danthon et amorce un changement vers un art résolument moderne. Picabia fait la connaissance de Duchamp* (1910), et fréquente Ribemont-Dessaignes*, deux amitiés durables. De 1909 à 1913, il voyage en Espagne, se rend à New York ; il peint ce qu'il a dans la tête, sans souci d'académisme. De cette conjonction d'événements naissent ses premières toiles « abstraites ». Un monde d'humour et de désacralisation qui précède Dada* : un univers hanté par des machines (*Paroxysme de la douleur,* 1915) ; l'amour* et la sexualité* deviennent des engrenages, des bielles, de la ferraille... À New York, Picabia peint deux œuvres devenues célèbres, *Udnie* et *Edtaonisl* ; il participe à la première exposition d'art moderne, l'avant-gardiste *Armory Show* (1913). Deux ans plus tard, fuyant la guerre, il y retourne, retrouve Duchamp, se lie avec Man Ray* et le photographe* Alfred Stieglitz qui l'expose dans sa galerie et l'accueille dans sa revue* *291.* À Barcelone (1916), Picabia fonde la revue *391,* clin d'œil à Stieglitz, écrit des poèmes (déjà automatiques*) et des aphorismes, et se réinstalle à Paris* après l'Armistice. Il apprend alors l'existence de Dada, enthousiasmé par certains de ses textes, se rend en Suisse et rencontre Tzara* qui arrive à Paris en janvier 1920. Picabia vient de croiser Breton (qui collaborera à *391*) et l'entourage de *Littérature* qu'il ornera de couverture provocantes ; il devient dadaïste avant de rompre en 1921, estimant que le mouvement est « devenu aussi peu intéressant que la production de l'École des beaux-arts ». Ses rapports avec Breton sont en dents de scie : il le soutient dans sa querelle avec Tzara, mais leurs relations aboutissent aussi à une rupture (1924). Picabia, sans doute fatigué de l'excès de sérieux du surréaliste, traite Breton de « Dada travesti en ballon réclame pour la maison Breton et Cie » et de « Robert Houdin [un grand magicien] pour hôtels de province ». Outre sa peinture et sa poésie, il a signé avec Éric Satie le ballet *Relâche* (1924), spectacle où l'entracte était assuré par le cinéma* : le film désopilant fait avec René Clair, appelé précisément *Entr'acte,* où il était conseillé de siffler et, surtout, de rire. « Pourquoi raconter ce que tout le monde voit ou peut voir un jour ? », avertissait Picabia. Un symbole de son sens dévastateur de la dérision.

POLITIQUE

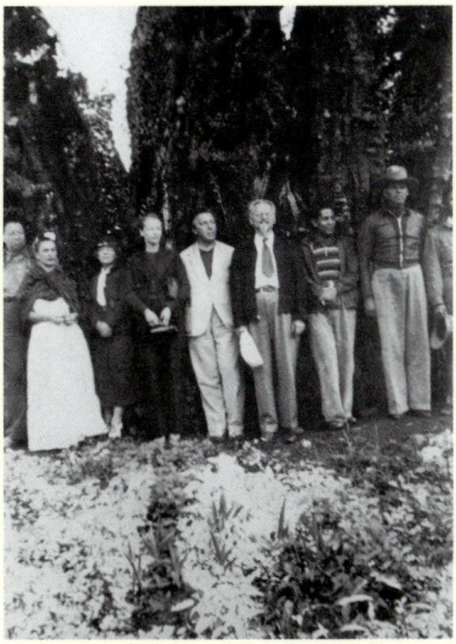

Indépendance et engagements
L'histoire du surréalisme ne fut pas linéaire sur le plan politique, mais complexe et mouvante, voire sinueuse, l'art* se réclamant d'une révolution* confrontée aux grandes idéologies de la première moitié du XXe siècle. Elle ne fut pas marquée par une appartenance collective à tel ou tel courant, même si des écrits de Breton* appelèrent à des ralliements, mais par les choix des surréalistes eux-mêmes, qui provoquèrent parfois leur éloignement, leur départ volontaire ou leur exclusion du groupe : Aragon*, Artaud*, Char*, Desnos* ou Leiris* en sont des exemples.
La naissance du surréalisme est motivée, comme celle de Dada*, par une réaction contre les formes d'injustice, d'oppression, d'abus, tout ce qui nuit à la liberté de l'homme, comme la guerre, le militarisme ou un catholicisme exacerbé. À l'origine, les jeunes hommes que sont Breton, Masson*, Péret*, Soupault* et les autres penchent pour l'anarchie. Comme l'indique une déclaration commune faite rue* de Grenelle, en janvier 1925, le groupe s'engage ensuite résolument dans la révolution : « Nous sommes des spécialistes de la Révolte. […] Le surréalisme n'est pas une forme poétique. Il est un cri de l'esprit qui retourne vers lui-même et est bien décidé à broyer désespérément ses entraves, et au besoin par des marteaux matériels ! » Un événement, la guerre colonialiste du Rif marocain (1925), amène justement les surréalistes à joindre leurs réflexions à celles de la revue* *Clarté,* proche du parti communiste, et à se prononcer désormais pour *La Révolution d'abord et toujours,* titre d'un manifeste* où il devient clair que la révolution de l'esprit doit aussi passer par celle de l'homme. En 1927, malgré ses réticences, exprimées dans *Légitime Défense* (1926), Breton adhère au PCF avec Aragon, Éluard*, Péret et Pierre Unik, ralliement très diversement apprécié, tant à l'intérieur du parti que parmi les surréalistes. Breton tente d'expliquer cette décision dans le tract *Au Grand jour.* Mais des dissensions, surtout d'ordre culturel, l'éloigne des communistes en 1930. En dépit de la montée du fascisme contre lequel se dresse le PCF, il finit par rompre définitivement en juin 1935, à l'occasion du Congrès international pour la défense de la culture (son discours, sur les rapports de l'art et de la politique, est repris dans *Position politique du surréalisme,* qui réunit des textes de 1935). Sans oublier l'ennemi bourgeois capitaliste, Breton n'aura de cesse de dénoncer Staline et sa culture officielle, les procès de Moscou. En 1938, lors d'un voyage au Mexique, il rencontre Trotski dont il a lu avec enthousiasme le *Lénine* en août 1925. Un temps marqué par le trotskisme, le surréalisme, après la guerre, amorcera un retour vers les idées anarchisantes, Breton refusant toute dépendance politique dans *Rupture inaugurale* (1947). Mais il continuera jusqu'à sa mort de garder une ligne personnelle et de prendre position, par exemple pour joindre son nom à la Déclaration sur le droit à l'insoumission durant la guerre d'Algérie (1960).

André Breton et Léon Trotski au Mexique en 1938.
A gauche, Diego Rivera et Frida Kahlo .

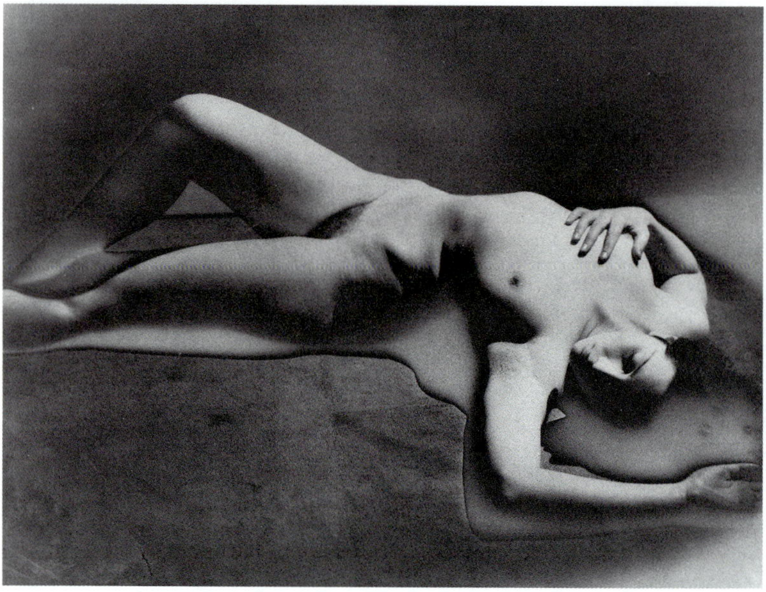

Man Ray, *Primat de la matière sur la pensée,* 1932. Solarisation, 21,5 x 27,2. Collection particulière.

Ray (Man)
L'Américain Emmanuel Radenski, dit Man Ray (1890-1976), se destine définitivement à la peinture en 1907. Huit ans plus tard, après avoir découvert Rimbaud ou Apollinaire (voir « ancêtres »), il fait la connaissance de Duchamp* à New York, rencontre qui aboutit à une complicité amicale et artistique. Formé au dessin industriel, anarchiste refoulant les valeurs surannées de l'art*, partisan d'une révolution* artistique et d'une démystification des valeurs traditionnelles, avant même Dada* dans lequel il sera engagé, Man Ray déstructure l'espace et le définit à l'aide de lignes précises, notamment dans les papiers découpés de *La Danseuse de corde s'accompagnant de ses ombres* (1916). Il pense et rêve avec ses mains (pour paraphraser Waldberg), maniant l'humour et la dérision (*Self-portrait* de 1916, ou l'objet *L'Abat-jour* de 1918), mais dans un souci esthétique, même s'il recourt à des procédés inhabituels, comme l'aérographie, nom qu'il donne en 1917 à la peinture au pistolet. Malgré l'intérêt de cet œuvre peint – notamment *À l'Heure de l'Observatoire - Les amoureux* (1932-1934), et *Portrait imaginaire du marquis de Sade* (1938) –, la notoriété de Man Ray vient surtout de la photographie*, de ses superbes portraits de Kiki de Montparnasse ou de Meret Oppenheim (1936) à la sexualité* à peine suggérée, ou encore de la mise au point en 1921 de la rayographie (ou *Rayogramme,* titre d'une épreuve de 1925) : le principe consiste, sans appareil photo ni pellicule, à déposer des objets sur un papier photographique qui, une fois développé, les révèle en blanc sur fond noir. À partir de 1931, Man Ray utilise aussi un procédé déjà connu, qu'il appelle solarisation : l'exposition d'un négatif qui se couvre d'un halo, sorte

de fantôme. Ces deux techniques, de par leur capacité à inventer une nouvelle réalité, trouvent bien entendu les faveurs des surréalistes. Arrivé en 1921 à Paris*, ville qu'il prendra sous de multiples angles, il sera le grand portraitiste du groupe, laissant d'inoubliables clichés d'Artaud*, Desnos*, Soupault* ou Tanguy*. Salué par Breton* dans le *Manifeste** de 1924, et malgré ses collaborations à des expositions*, des revues*, ses liens artistiques avec des surréalistes dont Éluard*, Man Ray restera indépendant. Engagé dans le cinéma*, il a laissé également plusieurs films, dont l'insolite *Emak Bahia* (1928).

Rêve

Des récits de rêve sont publiés dès 1922 dans la revue* *Littérature.* Le rêve, source de libération et de merveilleux, est longuement abordé dans le premier *Manifeste* (1924), où Breton (sujet à des insomnies) précise : « L'esprit de l'homme qui rêve se satisfait pleinement de ce qui lui arrive. L'angoissante question de la possibilité ne se pose plus. Tue, vole plus vite, aime tant qu'il te plaira. Et si tu meurs, n'es-tu pas certain de te réveiller d'entre les morts ? Laisse-toi conduire, les événements ne souffrent pas que tu les diffères. Tu n'as pas de nom. La facilité de tout est inappréciable. » Les surréalistes se penchent d'abord sur l'aspect poétique du rêve, réservoir de l'imagination et, par définition, de l'onirisme. Il est aussi un état exacerbé de la conscience, que l'on dorme profondément ou à moitié (hallucinations dites hypnagogiques) comme Ernst*, voire que l'on rêve éveillé. Et lorsque l'on parvient à influencer ses propres rêves, ceux-ci peuvent s'avérer un soutien à toute forme de révolution* qui, entraînant une nouvelle condition de l'homme, leur permettrait de ne plus subir d'obligations et d'entraves. « Le monde du rêve et le monde du réel ne font qu'un », écrit Breton (*Les Vases communicants*) tout en mettant en garde contre le risque de reproduire un rêve sur une toile, ce qui pourrait le figer, lui ôtant sa signification profonde. Cela explique sans doute que les surréalistes décortiquent ensemble les rêves de chacun, de manière à aboutir à des analyses collectives. Ils se livrent aussi très tôt à des expériences de sommeil hypnotique

Boiffard Jacques-André, photo sans titre, 1929.

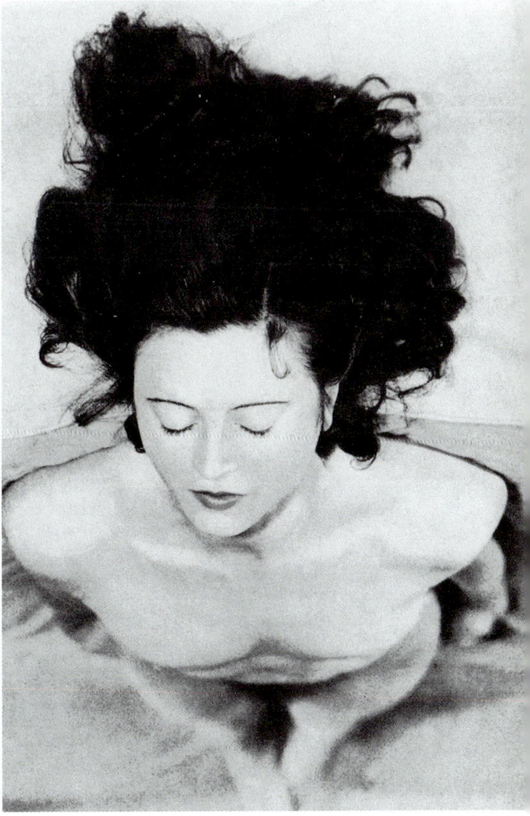

effectuées dans le sillage de l'automatisme*, l'initiative revenant à Crevel*. Durant l'hiver 1922-1923, un certain nombre de séances, notamment chez Breton, rue* Fontaine, mettront en lumière la capacité de certains à se transcender. Ainsi, Desnos* impressionne par son débit poétique, allant jusqu'à s'identifier à Rrose Sélavy (voir « Duchamp »). Aragon*, dans *Une Vague de rêves* (1924), son approche personnelle du surréalisme, décrira ces séances.

Reverdy (Pierre)

« Reverdy est surréaliste chez lui. » C'est en ces termes révélateurs que Breton évoque Pierre Reverdy (1889-1960) dans le premier *Manifeste**. En effet, Reverdy n'est pas membre du groupe. Originaire de Narbonne, il vient à Paris en 1910 et fonde la revue* *Nord-Sud* (1917) qui, placée sous l'aile d'Apollinaire (voir « ancêtres »), cherche à rassembler les courants artistiques de l'époque. Outre ce dernier, Reverdy accueille Max Jacob et des jeunes : Tzara* de Dada*, ainsi que Aragon* et Breton qui, lorsque *Nord-Sud* cesse de paraître (octobre 1918), sortent leur propre revue, *Littérature.* Reverdy y figure à son tour, jouissant de l'admiration de ces premiers surréalistes, les uns et les autres se nourrissant mutuellement d'une proximité poétique. En 1926, il quitte tout et se retire à l'abbaye bénédictine de Solesmes pour répondre à ce qu'Henri Lemaître qualifie de « conversion à la poésie » plutôt que de conversion à Dieu.
Reverdy a apporté une pierre à l'édifice surréaliste en réfléchissant à la difficulté de concilier le réel et le monde. Jeune, il tenta de fuir ce monde, puis l'épousa pour mieux se fondre avec la nature et ce qui l'entourait, pour en dégager les mystères. « Nul n'a mieux médité et su faire méditer sur les moyens

Le teint de lait du panache au moment où
se secoue la place
Entre les avenues l'étoile
et les maisons
Au lieu de gouttes d'eau c'est le jour qui scintille
et vole autour
Le monument s'ébroue
Le matin se soulève et retombe un moment
Puis se brise le jour
La cascade de la caserne a ses clairons
Aux voix du ciel que je mêle
la mienne
Attendez-vous à tout
Sous les ressorts qui peinent
l'ombre roule sans bruit au fond
La terre est pleine

Pierre Reverdy
Bruits au réveil, *in* La Guitare endormie, *1919.*

profonds de la poésie. Rien ne devait, par la suite, avoir plus d'importance que ses thèses sur l'image poétique. », avouera même Breton en dépit des choix spirituels et de l'éloignement de ce poète. La poésie de Reverdy, sans cesse en quête, toujours revisitée, est ciselée, symbolique et tout empreinte de délicatesse. « L'amour du vrai poussé à fond en art le nie et le détruit. Il y a donc une mystérieuse limite que l'esprit doit savoir atteindre et ne pas dépasser », écrit-il dans *Le Gant de crin* (1927), recueil de notes où il prévient d'emblée : « Notes sur l'art, qui est de l'homme – l'homme, qui est de Dieu, – la religion, qui suspend l'homme à Dieu. »

Révolution, révolte

La libération par les mots

En 1919, lorsque Aragon*, Breton et Soupault* fondent la revue* *Littérature,* ils souhaitent s'inscrire dans un large mouvement de révolte motivé surtout par la guerre qui vient de s'achever et qui, par ses ravages, a bouleversé un nombre considérable de repères, notamment une partie du statut social des femmes* et la perte de

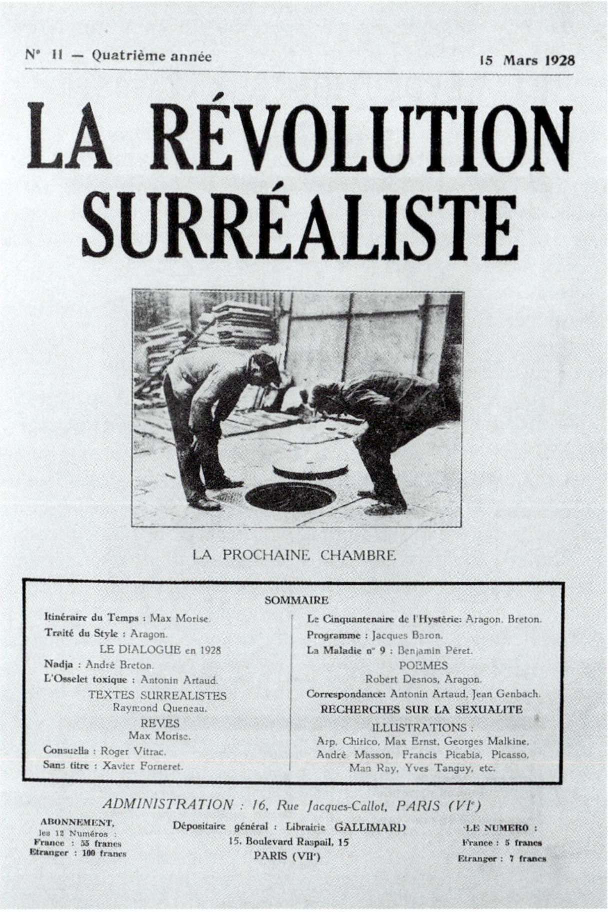
N° 11 — Quatrième année — 15 Mars 1928

LA RÉVOLUTION SURRÉALISTE

LA PROCHAINE CHAMBRE

SOMMAIRE

Itinéraire du Temps : Max Morise.
Traité du Style : Aragon.
LE DIALOGUE en 1928
Nadja : André Breton.
L'Osselet toxique : Antonin Artaud.
TEXTES SURREALISTES
Raymond Queneau.
REVES
Max Morise.
Consuella : Roger Vitrac.
Sans titre : Xavier Forneret.
Le Cinquantenaire de l'Hystérie: Aragon, Breton.
Programme : Jacques Baron.
La Maladie n° 9 : Benjamin Péret.
POEMES
Robert Desnos, Aragon.
Correspondance: Antonin Artaud, Jean Genbach.
RECHERCHES SUR LA SEXUALITE
ILLUSTRATIONS :
Arp, Chirico, Max Ernst, Georges Malkine, André Masson, Francis Picabia, Picasso, Man Ray, Yves Tanguy, etc.

ADMINISTRATION : 16, Rue Jacques-Callot, PARIS (VIe)

ABONNEMENT, les 12 Numéros : France : 55 francs Etranger : 100 francs

Dépositaire général : Librairie GALLIMARD 15, Boulevard Raspail, 15 PARIS (VIIe)

LE NUMERO : France : 5 francs Etranger : 7 francs

Couverture de *La Révolution surréaliste,* mars 1923. Photo attribuée à Eugène Atget.

confiance dans les structures politiques*, tant en France qu'en Allemagne. Avec Dada* et son sens aigu de la démesure et du nihilisme, ce sentiment viscéral devient plus précis : l'art* régénéré et le rêve* peuvent permettre de libérer l'homme. Après la rupture avec Tzara* (1922) et avec l'émergence du surréalisme, se fait jour d'idée de révolution, mot que reprennent les titres des deuxième et troisième grandes revues du groupe, *La Révolution* surréaliste* (décembre 1924 à décembre 1929) et *Le Surréalisme au service de la révolution* (juillet 1930 à mai 1933). Ces publications coïncident avec la période plus politique des surréalistes, dont certains se rapprochent du parti communiste. Mais les surréalistes veulent une révolution culturelle autant que matérielle et sociale, sans prédominance idéologique, une vue inconciliable avec celle du PCF, téléguidé par Moscou pour qui le matérialisme est souverain. Breton, après avoir participé activement à l'Association des écrivains et artistes révolutionnaires, confirme sa rupture en 1935 ; Aragon* a choisi le camp communiste et sera suivi par Éluard*... À Mexico, Breton fait la connaissance d'un homme dont il apprécie les écrits depuis longtemps, Léon Trotski, banni d'URSS et pourchassé par Staline. Ils rédigent ensemble le manifeste *Pour un art révolutionnaire indépendant* auquel le peintre Diego Rivera prête sa signature à la place de Trotski : « Il est plus que jamais de circonstance de brandir cette déclaration contre ceux qui prétendent assujettir l'activité intellectuelle à des fins extérieures à elle-même et, au mépris de toutes les déterminations historiques qui lui sont propres, régenter, en fonction de prétendues raisons d'État, les thèmes de l'art. » Ce document est utilisé pour la création, la même année, de la Fédération internationale de l'art révolutionnaire indépendant (FIARI), dont la branche française, assortie du mensuel *Clé,* disparaît dès 1939. Dans *Le Déshonneur des poètes* (1945), Péret* a donné sans doute l'une des plus justes approches du poète révolutionnaire surréaliste : « Le poète n'a pas à entretenir chez autrui une illusoire espérance humaine ou céleste, ni à désarmer les esprits en leur insufflant une confiance sans limite en un père ou un chef contre qui toute critique devient sacrilège. [...] c'est à lui de prononcer les paroles toujours sacrilèges et les blasphèmes permanents. [...] il doit combattre sans relâche les dieux paralysants acharnés à maintenir l'homme dans sa servitude à l'égard des puissances sociales et de la divinité qui se complètent mutuellement. Il sera donc révolutionnaire, [...] le poète lutte contre toute oppression. »

Revues surréalistes

Les surréalistes de France ou de l'étranger, dans leur volonté d'interpeller les mentalités et de signifier leur révolte*, ou simplement pour préciser certains points lors des affaires internes aux groupes, ont eu recours à divers supports. Les papillons, au message court, étaient collés sur les murs, appels lancés comme « PARENTS ! Racontez vos rêves* à vos parents. », un principe prolongé aujourd'hui par les tags. Les tracts, plus développés, consistaient à exposer un manifeste* ou à rédiger un pamphlet ; le premier, et

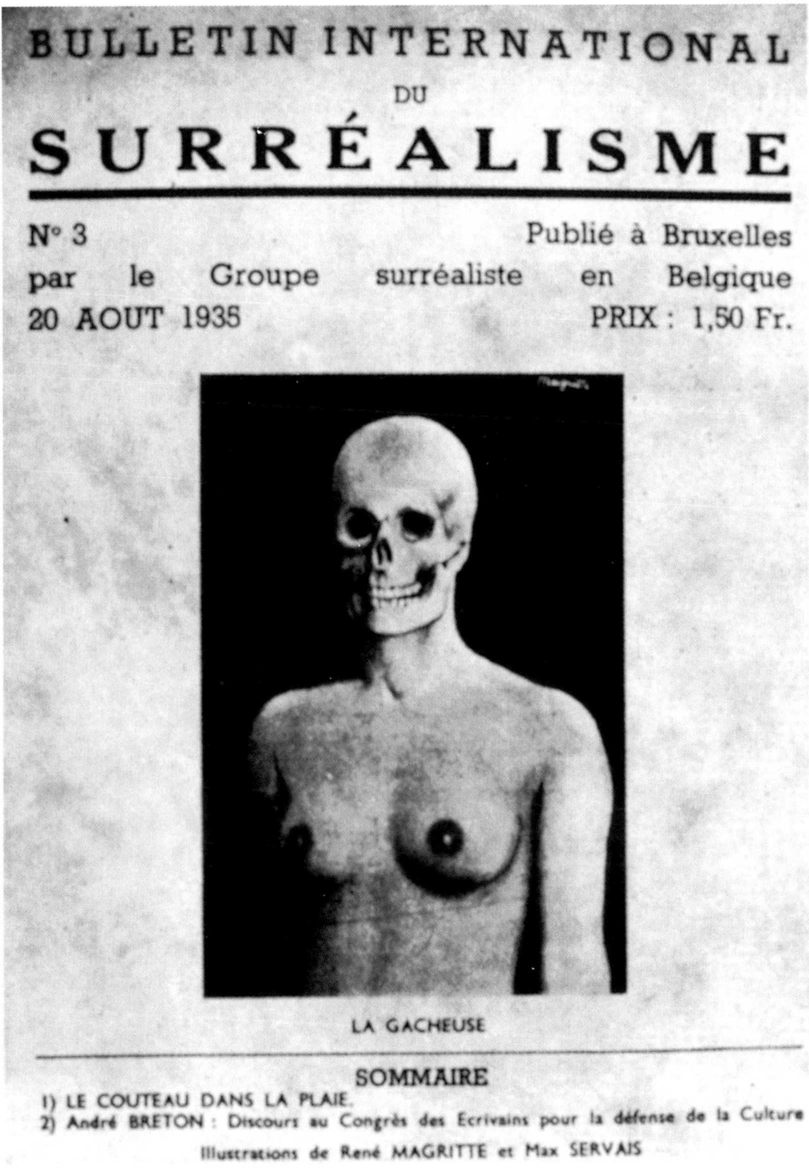

BULLETIN INTERNATIONAL
DU
SURRÉALISME

N° 3 Publié à Bruxelles
par le Groupe surréaliste en Belgique
20 AOUT 1935 PRIX : 1,50 Fr.

LA GACHEUSE

SOMMAIRE
1) LE COUTEAU DANS LA PLAIE.
2) André BRETON : Discours au Congrès des Ecrivains pour la défense de la Culture

Illustrations de René MAGRITTE et Max SERVAIS

Couverture du *Bulletin international du surréalisme*, 20 août 1935. Illustration de René Magritte.

sans doute le plus célèbre, est *Un* cadavre* (1924) commis à l'occasion de l'enterrement d'Anatole France. Les surréalistes ont préféré les revues, support à la fois polémique comme les tracts, artistique comme les livres, théorique, politique* et ludique avec les jeux*. Des tremplins de l'audace surréaliste. En Belgique, ce sont *Variétés* (1928-1930) où figure Magritte*, puis *Documents* (1933-1935) ; l'Angleterre (*Contemporary Poetry and Prose*, 1936-1937), le Japon, le Venezuela, les États-Unis, la Tchécoslovaquie... l'internationalisation est impressionnante. En France, la plus productive, trois grandes revues se détachent.

Aragon*, Breton* et Soupault* fondent *Littérature* en mars 1919, dans le sillage de *Nord-Sud* de Reverdy* qui a déjà envisagé une nouvelle « réalité poétique » – Éluard* les rejoint peu après. Ce titre, choisi par Paul Valéry, a été retenu par « antiphrase et dans un esprit de dérision », dira Breton dans ses *Entretiens* (1952) – 33 numéros répartis en deux périodes. Lautréamont et Apollinaire (voir « ancêtres »), Valéry, Léon-Paul Fargue ou Vaché* sont des premières livraisons. Le ton prend une tournure plus expérimentale avec des passages des *Champs magnétiques**, premier texte d'écriture automatique* (octobre 1919), et subversive avec Dada* et Tzara*. La rupture avec ce dernier correspond au début de la seconde période (mars 1922 à juin 1924) où les auteurs plus traditionnels n'ont plus cours : Ernst*, Man Ray* et Picabia* apportent leurs styles iconoclastes ; on y découvre Jacques Baron, Desnos* ou Vitrac*, ou les acrobaties verbales de Rrose Sélavy (voir « Duchamp ») ; on y raconte ses rêves*... *Littérature* a eu un temps son siège au café Certà (passage de l'Opéra), aujourd'hui disparu, décrit longuement par Aragon dans *Le Paysan de Paris**.

La Révolution surréaliste* (douze numéros, décembre 1924 à décembre 1929), un temps dirigée par Pierre Naville* et Péret*, puis reprise par Breton au n° 4, marque, après la publication du premier *Manifeste,* le changement social voulu par le surréalisme, comme l'annonce la couverture du premier numéro : « Il faut aboutir à une nouvelle déclaration des droits de l'homme. » Ce ton, et la présentation, où ont disparu les fantaisies typographiques de Dada, indiquent l'état d'esprit devenu plus grave. Artaud* apporte sa patte dans le n° 3 (*Adresse au pape*). Sous la férule de Breton, le n° 5 affirme le tournant politique : « La révolution d'abord et toujours ! », puis communiste (n° 8). Un choix qui doit se concilier avec le rêve, l'automatisme, les jeux* (ca-davres exquis), la sexualité*... Le n° 12 publie une enquête sur l'amour*, alors que le groupe traverse une crise profonde.

Après le *Second Manifeste,* où Breton répond à ses contradicteurs, qui répliquent par un

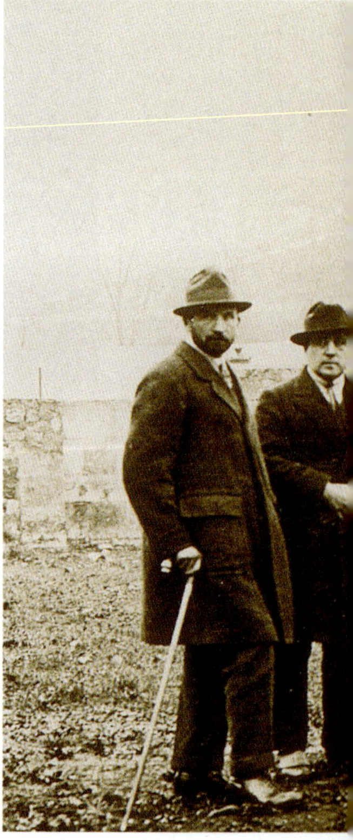

nouveau *Cadavre,* paraît *Le Surréalisme au service de la révolution* (six numéros, de juillet 1930 à mai 1933). Il s'agit de mettre toutes les recherches au service du marxisme-léninisme. La disparition de cette publication coïncide avec la fin des grandes revues surréalistes. Breton et ses amis collaborent ensuite à *Minotaure* (1933-1939), fondée par l'éditeur Albert Skira. Durant la guerre, *La Main à plume* de Noël Arnaud et Jean-François de Chabrun résiste en France en publiant entre autres Éluard, Ernst* ou Domínguez*, Suzanne et Aimé Césaire créent *Tropiques en Martinique* (1941), tandis qu'à New York, Breton participe à *VVV,* à laquelle il fournit *Prolégomènes à un troisième manifeste du surréalisme ou non,* (1942) date de naissance des *Grands transparents* chers à Hérold*. *Néon* (1948-1949), *Médium, informations surréalistes* (1952-1953), *La Brèche* (1961-1965), *L'Archibras* (1967-1969), née six mois après la mort de Breton et engagée dans Mai 1968, *Coupure* (1969-1972) tenteront de perpétuer le rôle, qui fut prépondérant, des revues surréalistes. Mais le surréalisme a vécu.

Ribemont-Dessaignes (Georges)

En 1910, Georges Ribemont-Dessaignes (1884-1974) rencontre Duchamp* qui, dans l'atelier qu'il partage avec ses frères à Puteaux, lui présente

Visite à Saint-Julien-le-Pauvre, 1920. de g. à dte : J. Corti, Desparbès, A. Breton, J. Rigault, P. Éluard, G. Ribemont-Dessaignes, B. Péret, T. Fraenkel, L. Aragon, T. Tzara, P. Soupault.

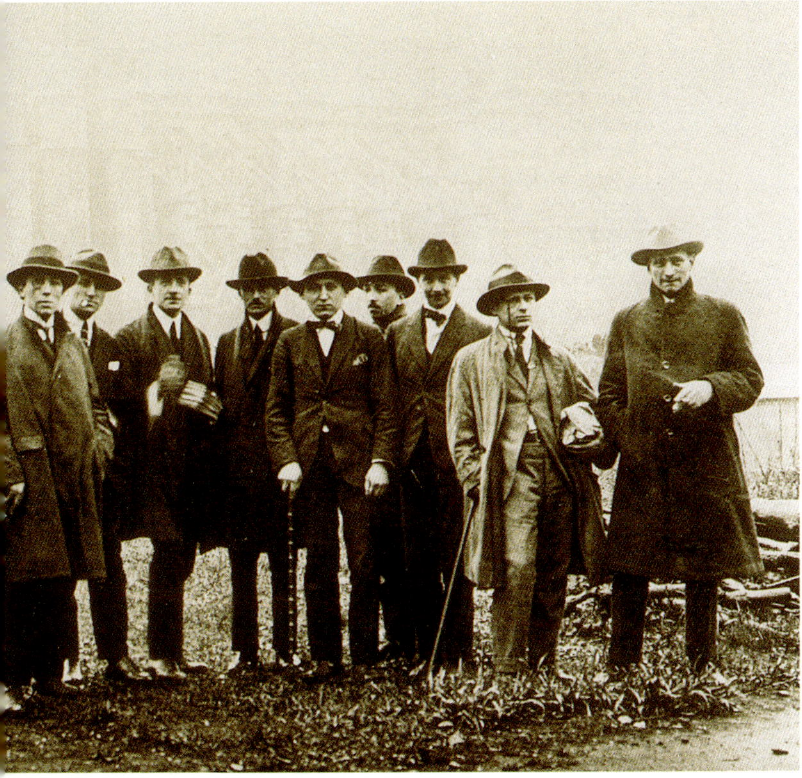

Picabia*. Deux hommes maniant la dérision, qui le confortent dans son rejet d'un monde courant à sa perte, sa répulsion contre l'ordre bourgeois et un certain pessimisme quant au sort de l'humanité. Durant la Grande Guerre, il publie ses premiers poèmes marqués par un avant-gardisme précurseur de Dada* – qu'il ne connaît pas (sa poésie sera rassemblée dans *Ombres,* 1942 et *Ecce Homo,* 1945). Il écrit aussi une pièce de théâtre*, *L'Empereur de Chine* (montée en 1921), dont la violence rappelle Alfred Jarry (*Ubu roi*). Il y dénonce le despotisme et l'absurdité du pouvoir à l'aide de scènes rapides, sanglantes et cruelles qui marqueront la plupart de ses autres pièces. La guerre finie, il lit la revue* *Nord-Sud* de Reverdy* et croise les dadas auprès desquels il s'engage naturellement, devenant leur plus ardent porte-parole. À l'occasion des manifestations dadas, il compose des musiques ou fait représenter des pièces, dont *Le Serin muet* jouée par Breton* et Soupault*. Il reprend la peinture abandonnée en 1913, ses toiles s'inspirant du travail de Picabia, la délaisse à nouveau et y reviendra en 1944. Alors que le dadaïsme* a amorcé son déclin, il prend parti pour Tzara* dans la querelle qui oppose ce dernier à Breton (1922). Il accompagne ensuite les surréalistes, mais comme un compagnon de route plutôt qu'un membre actif. En 1924, est publié son roman *L'Autruche aux yeux clos,* premier d'une série de romans poétiques. Mais comme dans son théâtre, l'érotisme et la recherche sont masculins, les femmes* n'ayant que des rôles sombres ou viles. Enfin, en mars 1929, rue* du Château, a lieu le procès intenté au mouvement du Grand* Jeu dont Ribemont-Dessaignes se sent proche : il quitte la réunion et rompt le lendemain avec les surréalistes. Dans le *Second Manifeste** (1930), Breton l'éreinte et il réplique dans le pamphlet collectif *Un* cadavre* où il écrit : « On ne peut pas mieux faire dans le genre hypocrite, faux frère, pelotard, sacristain, et pour tout dire : flic et curé. » Ribemont-Dessaignes gardera d'excellents contacts avec d'anciens surréalistes, dont Prévert.

Rues surréalistes

Quatre rues de Paris* sont indissociables de l'histoire du surréalisme, où plutôt de la période « héroïque » du groupe : les années 1920.

En 1922, Masson* et Miró*, soumis aux caprices délicieux du hasard, occupent des ateliers voisins au 45, rue Blomet (XVe arrondissement), dans une maison aujourd'hui disparue. Artaud*, Georges Bataille, Jean Dubuffet, Leiris*, Georges Limbour, Raymond Roussel... Des écrivains et des peintres se rendent à cette adresse pour y lire des textes de Lautréamont, Sade ou bien Rimbaud (voir « ancêtres »), parler de l'actualité artistique, jouer, boire ou faire la fête au Bal nègre proche – qu'aimaient fréquenter aussi Desnos* ou Picabia. Un bouillonnement et une indépendance qui attirent Breton, que Miró présente à Masson : le surréalisme en gestation a trouvé son expression picturale évoquée dans le premier *Manifeste* (1924).

Breton emménage en janvier 1922 au 52, rue Fontaine (IXe arrondissement). Il y installe

son atelier, accueille les expériences sur le rêve* et se rend périodiquement aux réunions qui se déroulent au café Le Cyrano du boulevard de Clichy, non loin de la place Blanche que surplombe son appartement. La « rue Fontaine » est aussi le théâtre de grandes affaires touchant le groupe. Breton*, qui l'occupera jusqu'à sa mort, a réuni une imposante collection d'arts* africain, océanien, amérindien, ainsi que d'œuvres surréalistes ou encensées par le groupe, notamment *Le Cerveau de l'enfant,* toile de De Chirico* (1914) qui trônera longtemps sur les murs.
Breton quitte pourtant ce haut lieu surréaliste pour se frotter à l'ambiance sulfureuse du 54, rue du Château, dans le quartier Plaisance (XIVe arrondissement), un pavillon également disparu. Marcel Duhamel – créateur en 1945 de la célèbre *Série noire* de Gallimard – loue cet endroit en 1924 et y héberge ses deux grands amis Jacques Prévert et Tanguy*. Malgré les difficultés matérielles, la fête, l'élégance et l'originalité, notamment l'ameublement de Tanguy, y règnent en maître ; on écoute une musique nouvelle, le jazz ; on va au cinéma* regarder les cinéfeuilletons ; on découvre *La Révolution* surréaliste* et l'on rencontre Desnos* en 1925, puis bientôt Breton. Dès lors, l'entente est scellée ; la rue du Château est le cadre du premier « cadavre exquis », jeu* attribué à Prévert, et des *Recherches sur la sexualité**. Aragon*, Péret*, Raymond Queneau, Man Ray* ou Soupault* se joignent aussi aux discussions, aux rires, aux soirées très arrosées qui tranchent avec l'atmosphère plus rigoureuse de la rue Fontaine. Mais le trio original quitte les lieux en 1928 ; l'année suivante, le café situé en face du 54 accueille le procès que Breton intente au Grand* Jeu. La plupart des fidèles de la rue du Château participeront au pamphlet *Un cadavre** dirigé contre Breton (1930).
En octobre 1924, le Bureau central de recherches surréalistes, appelé aussi Centrale surréaliste, s'installe au 15, rue de Grenelle (VIIe arrondissement), locaux que Naville* met à la disposition du groupe. Le but est de recueillir auprès des visiteurs tous les documents, voire les objets, révélant le pouvoir de l'inconscient afin de constituer des archives surréalistes : récits de rêves*, témoignages, avis sur la politique*, l'art* ou tout autre sujet… chaque information est consignée dans un cahier. Mais le public se montrant parfois trop envahissant ou indélicat, le bureau lui est fermé en janvier 1925 et sa direction confiée à Artaud*. Celui-ci rédige le 27 janvier une déclaration collective qui précise : « Le surréalisme n'est pas un moyen d'expression nouveau ou plus facile, ni même une métaphysique de la poésie ; il est un moyen de libération totale de l'esprit et de tout ce qui lui ressemble. Nous sommes bien décidés à faire une Révolution*. » Chargé du numéro 3 de *La Révolution surréaliste,* qui tient son siège rue de Grenelle, Artaud montre une telle ardeur que Breton lui retire ses responsabilités éditoriales en juillet et reprend les rênes de la revue*. Le bureau a cessé ses activités le 30 avril.

Sexualité

Le signe des temps

Le principe de l'enquête est, comme celui des jeux*, un

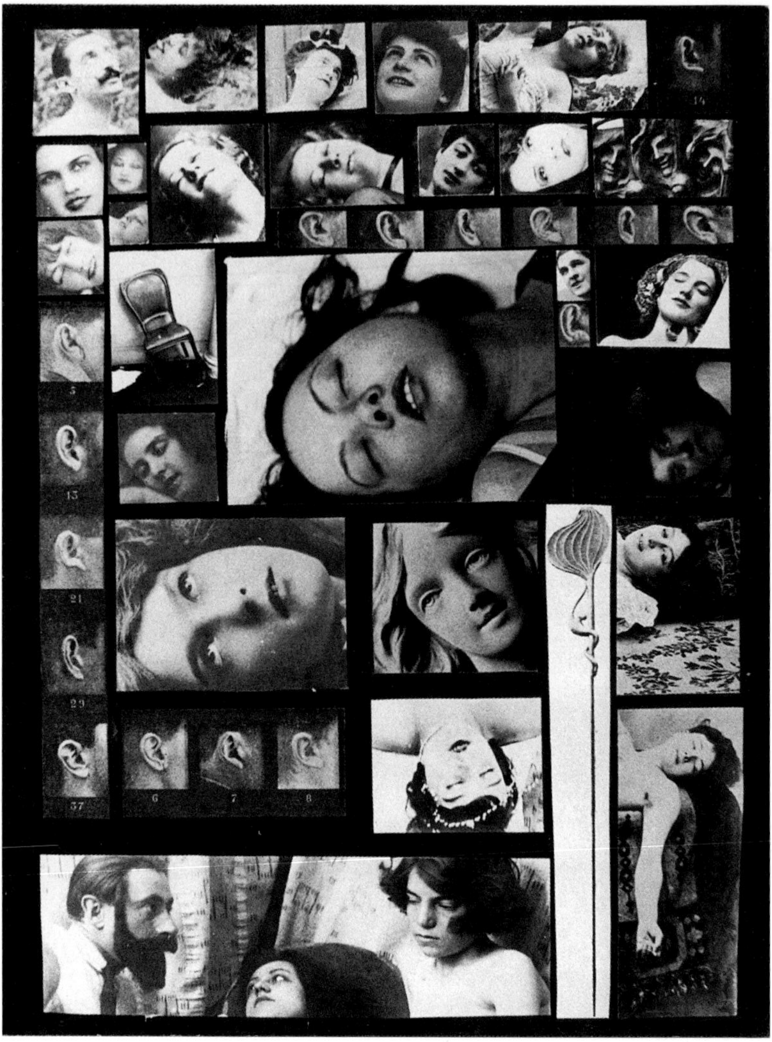

Salvador Dali, *Le phénomène de l'extase,* 1933. Photomontage.

moyen pour les surréalistes de réfléchir ensemble sur des sujets importants et, par ces échanges collectifs, d'en appliquer les conclusions aux productions du groupe et aux œuvres personnelles. Le suicide, l'humour, l'amour* sublime ou le cinéma* sont ainsi passés au crible et les débats retransmis dans les revues*, en France et à l'étranger, comme *Pourquoi écrivez-vous ?* parue dans le premier numéro de *Littérature* (1919). Les *Recherches sur la sexualité* s'étendent sur douze séances : les sept premières se déroulent sur un trimestre (du 27 janvier au 6 mai 1928), les cinq dernières de novembre 1930 à août 1932. Seuls les comptes rendus des deux premières seront publiés, le 15 mars 1928 dans le numéro 11 de *La Révolution* surréaliste.* Par ce travail, il s'agit de se positionner sur le chapitre de la liberté sexuelle. Les années 1920 sont les Années folles qui connaissent un début de libéralisation des mœurs et, surtout, une reconnaissance du statut des femmes*, plus ou moins franche selon les pays – les Anglaises obtiennent le droit de vote en 1928, à égalité avec les hommes, la France étant beaucoup plus timide... Cette liberté, signe d'un désir épanoui, grand cheval de bataille du surréalisme, peut-elle être compatible avec l'amour sublime, autre thèse, et avec le quasi-culte dont les surréalistes entourent la femme ? Mais cette enquête est menée presque exclusivement par des hommes ; les femmes n'interviennent qu'aux trois séances de novembre 1930, et certaines, dont l'attitude libre aurait pu apporter un ton contradictoire, sont absentes, notamment Gala, épouse d'Éluard* puis de Dalí*. Ni celui-ci, dont le travail est souvent hanté par ses fantasmes, ni Char*, Buñuel* ou Magritte* ne sont présents alors que l'amour et la sexualité sont parmi leurs premières préoccupations. On peut aussi regretter que Crevel*, résolument homosexuel, ne prenne pas part aux discussions. Car les positions de la plupart des participants sont assez conservatrices. Si Raymond Queneau et Jacques Prévert ne voient aucun inconvénient aux relations entre deux hommes, du moment qu'ils s'aiment, la majorité poussent les hauts cris et condamnent. Péret* parle de « dégoût », Breton* de « déficit mental et moral » tout en reconnaissant à Sade (voire « ancêtres ») le droit de pratiquer « la liberté des mœurs » pour une « question de vie ou de mort ». Les avis sont encore partagés sur l'onanisme, la zoophilie étant prohibée par tous. Le fétichisme, la jouissance, la pudeur, les premiers émois... Les *Recherches sur la sexualité,* bien que l'initiative soit louable et les réponses parfois audacieuses, demeurent dans leur ensemble le reflet de toute une époque.

Soupault (Philippe)

Avec Aragon et Breton, puis Éluard, Philippe Soupault (1897-1990) est l'un des pionniers du surréalisme. Il est issu d'un milieu très bourgeois qui lui inspire très tôt un sentiment de révolte*. L'un de ses oncles n'est autre que Louis Renault,

Louis Aragon, André Breton, Philippe Soupault et Raymond Queneau.

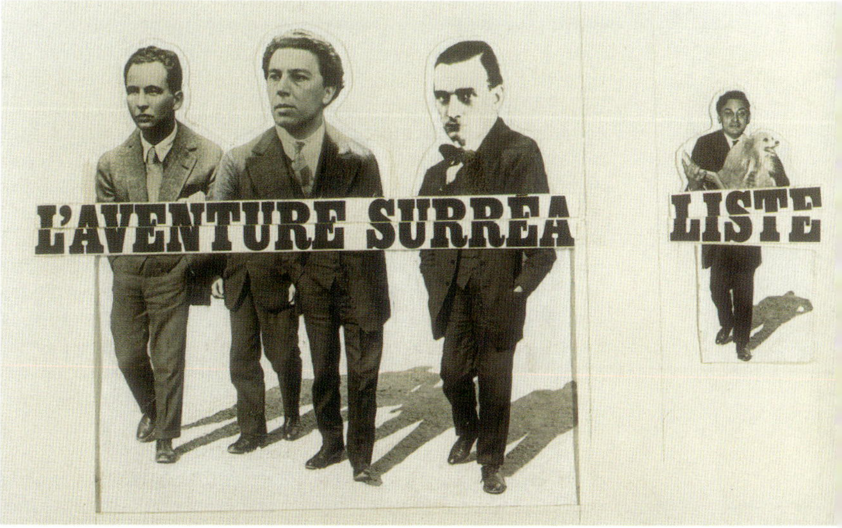

le constructeur automobile et l'une des figures de cette bourgeoisie. Soupault voyage en Angleterre et en Allemagne, qu'il apprécie. Mobilisé en 1916, il est soigné dans un hôpital de Paris* l'année suivante et envoie son premier poème, *Partir,* à Apollinaire (voir « ancêtres »). Celui-ci le fait publier dans la revue* *SIC* et présente Soupault à Breton qui le présente à son tour à Aragon. Entre ces trois jeunes hommes se créent une entente et une connivence qui aboutissent à la création de la revue *Littérature* (1919) puis à l'engagement dans le dadaïsme*. Parallèlement, Breton et Soupault, qui apprécient mutuellement leur faculté à écrire spontanément, commencent un intense travail : Les *Champs* magnétiques,* première œuvre surréaliste (1919) : « L'écriture automatique* est née, et il n'est pas exagéré d'en attribuer l'invention à Soupault qui, le premier, emploie le mot dans *Scénario automatique,* paru dans *SIC* en décembre 1917 », signale Jean-Paul Clébert. Dans l'élaboration de cette œuvre, Breton reconnaîtra lui-même l'importance du travail poétique de Soupault.

En 1920, Tzara* arrive à Paris et séduit Soupault qui prend une part active aux scandales et démonstrations dadaïstes mais se range au côté de Breton au cours de la querelle avec Dada, puis s'engage dans le surréalisme. Il est salué dans le premier *Manifeste** (1924) comme un surréaliste authentique. Mais, épris de liberté, d'évasion et de découvertes, il se heurte en 1926 à l'intransigeance du groupe qui, lors d'un procès, accuse entre autres sa désinvolture, son désengagement politique* (communiste), sa collaboration à des publications ennemies, dont des romans, mot prohibé. Soupault refuse de se plier aux exigences, la rupture est consommée. Dès lors, il voyage beaucoup et poursuit son œuvre en toute indépendance : poésie, essais notamment sur le cinéma*, théâtre*, œuvres romanesques au ton étrange et parfois fantaisiste, dont *Le Grand Homme* (1929) inspiré par Renault.

Tanguy (Yves)

En 1920, au cours de son service militaire, Yves Tanguy (1900-1955) rencontre Jacques Prévert qu'il retrouve ensuite à Paris*. Tous deux découvrent Lautréamont (voir « ancêtres ») à la librairie d'Adrienne Monnier, et d'autres écrivains dont Desnos*. Ils sont aussi séduits par la revue* *Littérature* d'Aragon, Breton et Soupault. Ils emménagent rue* du Château où ils seront des surréalistes à part entière – ils se fâcheront en 1930. En voyant pour la première fois une toile de De Chirico*, en 1923, Tanguy a ressenti un véritable choc, comme Breton, Magritte* ou Delvaux*. Cet épisode marque le début de sa vocation de peintre qu'il entreprend tout en se joignant aux activités surréalistes au travers des revues* ou des expositions*. En 1939, la guerre le pousse à s'installer aux États-Unis ; à New York, il retrouve sa femme* : Kay Sage, dont la peinture remarquée par les surréalistes est habitée par des paysages urbains inquiétants. Tanguy finira ses jours dans le Connecticut.

La peinture de Tanguy n'obéit pas à une règle, une théorie.

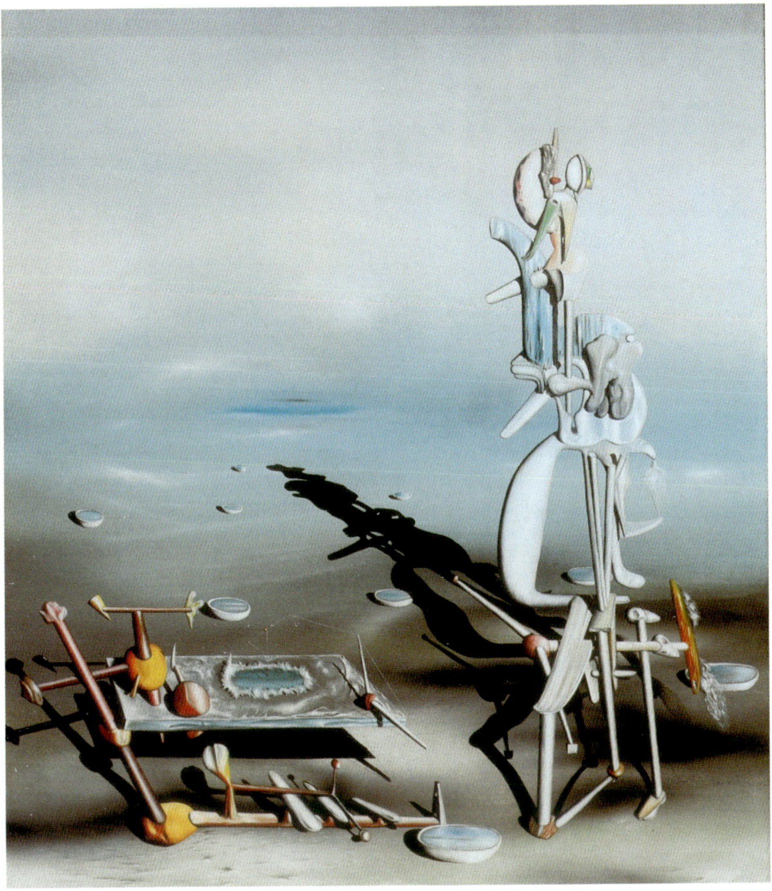

Yves Tanguy, *Divisibilité indéfinie,* 1942. Huile sur toile, 101,6 x 88,9. Buffalo, Albright-Knox Art Gallery.

Elle semble tout droit sortie d'un rêve*, ses pinceaux, conduits par l'inconscient, tracent et remplissent automatiquement des paysages et des formes étranges qui rendent son style original : une toile de Tanguy se reconnaît, comme celles d'Hérold* dont il fut l'ami. Si ses premières œuvres restent empreintes de réalisme, comme *L'Église de Locronan* (1924), il amorce ensuite un changement profond, créant un monde où le ciel et la terre se confondent avec la mer, où des créatures qui peuvent être minérales peuplent l'espace et se reproduisent jusqu'à l'horizon infini.

Tanning (Dorothea)

Avec Toyen, Meret Oppenheim ou encore Mimi Parent, l'Américaine Dorothea Tanning (née en 1910) fait partie de ces femmes* artistes surréalistes dont le travail, longtemps occulté par la prédominance masculine, est sorti au grand jour. En 1936, l'exposition *Fantastic Art, Dada*, Surrealism* de New York lui indique la voie surréaliste. Six ans plus tard, elle rencontre Max Ernst* dont elle deviendra l'épouse. La même année, elle produit un autoportrait, *Birthday,* où les portes successives et ouvertes appellent au rêve tandis que la

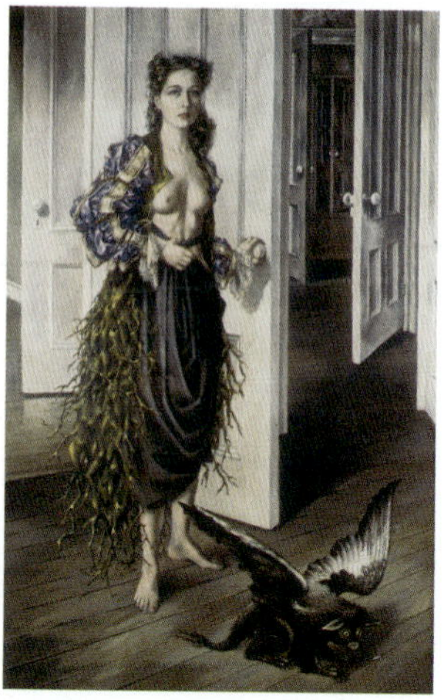

Dorothea Tanning, *Birthday,* 1942. Huile sur toile. Paris, Collection de l'artiste.

gracieuse silhouette, la main posée sur une poignée, en attente, semble sortie d'une forêt de fées (les portes reviendront souvent dans ses tableaux). Cette toile d'une grande maîtrise technique, marque sans doute l'entrée véritable de Dorothea Tanning dans le surréalisme qui habitera son œuvre jusqu'en 1955 environ, le reste obéissant davantage à une recherche sur la couleur. Dans les années 1970, ses sculptures en étoffes, objets et êtres aux membres à peine formés, enlacés dans des postures suggestives, reprendront néanmoins l'esprit surréaliste. L'œuvre peint de Dorothea Tanning est un ensorcellement où règne le désir, de jeunes adolescentes tentatrices au regard paisible et profond, des scènes d'une vérité criante malgré leur essence imaginaire (*La Chambre d'amis,* 1952). Les décors, dont certains sont des hommages à De Chirico*, prouvent cependant que les scènes appartiennent aussi au monde réel, où l'on sent bien que nous sommes tous soumis à des nécessités.

Théâtre

Si, en 1917, Breton* assiste à la représentation des *Mamelles de Tirésias* d'Apollinaire (voir «ancêtres»), ce «drame surréaliste» qui d'ailleurs ne lui procure pas de plaisir particulier, le surréalisme, au contraire de la poésie et de la peinture, ne s'intéressera que très peu à une forme de théâtre correspondant à ses champs d'expériences. Comme au cinéma*, il n'existe donc pas de «théâtre surréaliste», plutôt des surréalistes ayant écrit pour le théâtre, ou théorisé sur cet art dans une approche personnelle (voir «Artaud»). Il n'existe pas non plus à l'origine de grand auteur spécifiquement surréaliste, excepté peut-être Vitrac* et, moins révélateur, Ribemont-Dessaignes*. Les premiers surréalistes s'y sont pourtant essayé en créant, à la suite de Dada* mais en apportant davantage de cohérence dans l'écriture, des spectacles qu'ils interprétaient, notamment *S'il vous plaît* de Breton et Soupault*, œuvre automatique* (1920). Ou encore *Comme il fait beau* (Breton, Desnos*, Péret*). Il s'agit en réalité plus d'une poésie mise sur scène que de théâtre. Ou plus précisément de «sketches» tiennent à préciser les surréalistes, qui préfèrent les spectacles de la rue, réalité imprégnée de rituel, suscitant les interprétations, le rêve* et l'imagination. Ils apprécient aussi les feuilletons cinématographiques ; Aragon* et Breton écrivent *Le trésor des jésuites,* hommage à Louis Feuillade et Musidora, son interprète féminine des *Vampires.* Aussi, de rares auteurs dramatiques trouvent grâce à leurs yeux, dont Alfred Jarry et son *Ubu roi,* pur produit de l'inconscient, et Ray-

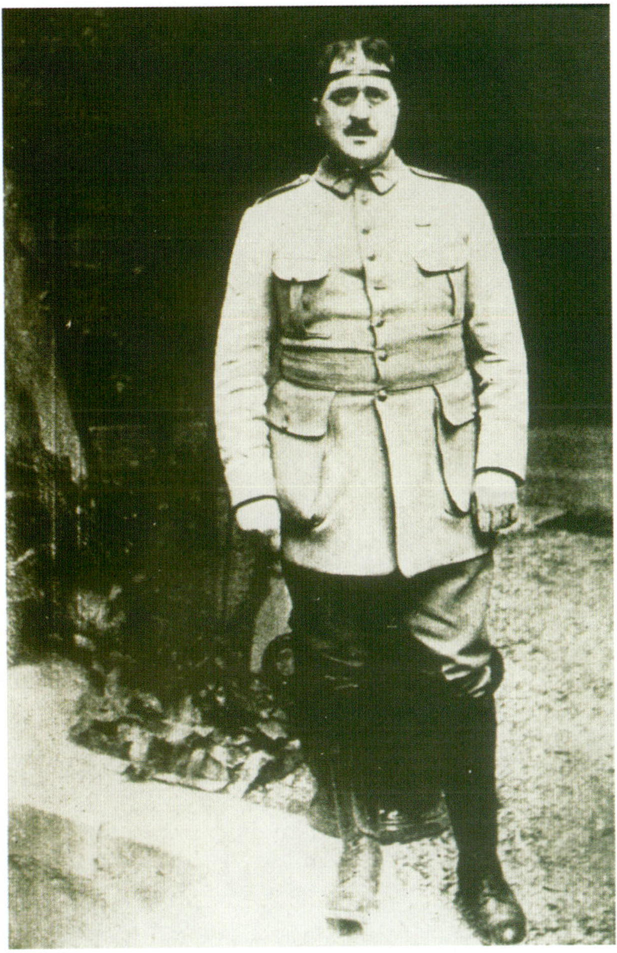

Le sous-lieutenant Apollinaire le jour de la présentation des *Mamelles de Tirésias,* à Montmartre, 1917.

mond Roussel et ses *Impressions d'Afrique* à l'humour efficace. Les groupes d'après-guerre produiront néanmoins des pièces marquées par le surréalisme, notamment Jean-Pierre Duprey (*La Forêt sacrilège*) ou Joyce Mansour (*Le bleu des fonds*).

Tzara (Tristan)

Né en Roumanie, où il écrit des poèmes d'inspiration symboliste, Tristan Tzara (1896-1963) quitte son pays à l'automne 1915 et gagne Zurich où il se mêle à d'autres réfugiés, dont Hans Arp*. Il fonde Dada* au printemps suivant et s'emploie désormais à déstructurer le langage et les mots, à les décortiquer pour en extraire la signification profonde, les habiller de neuf, donner un sens nouveau aux phrases (*Vingt-Cinq Poèmes*). Ce chantier s'inscrit dans une révolte* plus large, touchant l'art* et la société, consécutive à l'écœurement que provoque la guerre, au comportement souvent odieux de la bourgeoisie bien-pensante. Il atteint son point culminant dans le *Manifeste* Dada* 1918,

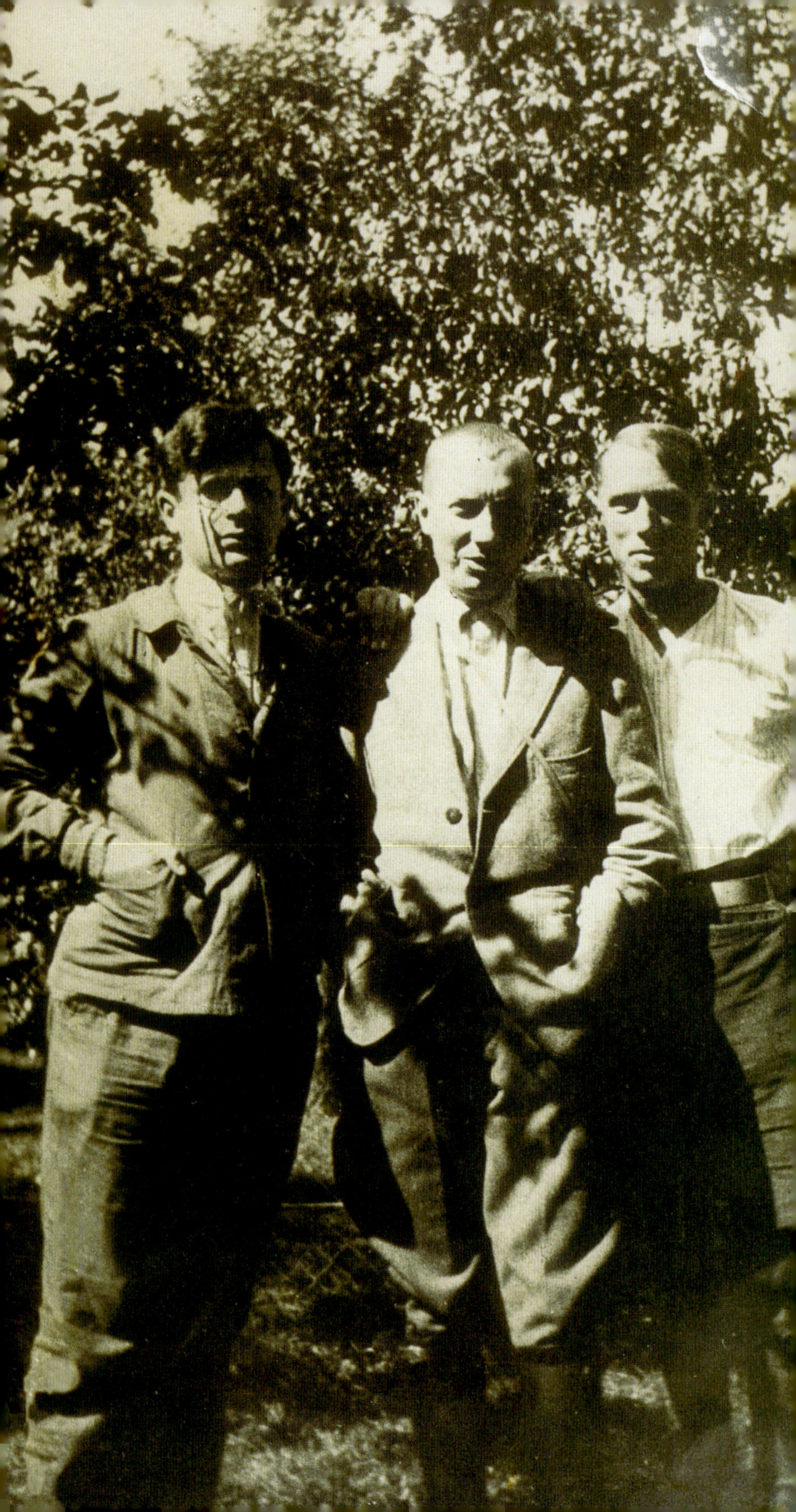

lorsque Tzara entend détruire « les tiroirs du cerveau, et ceux de l'organisation sociale ». Cet appel trouve en France un écho auprès de Reverdy* et d'Apollinaire (voir « ancêtres ») occupés à de profonds changements. Ainsi que du peintre Picabia* qui lui rend visite en 1918. Tzara noue un contact avec Éluard* et Breton*, qui lui écrit fin 1919 combien sa venue est désirée. En janvier 1920, Tzara se rend à Paris* où l'accueille Picabia. L'entente avec la revue* *Littérature* de Breton, Soupault* et Aragon* se concrétise par de nombreuses publications et manifestations. Des soirées tonitruantes et agitées, dont ses deux pièces de théâtre* sur les *Aventures célestes de monsieur Antipyrine,* exemple de cet art* novateur, déstructuré, provocateur, où la cohérence est moins importante que l'efficacité des mots en désordre sur un public pris à parti. Le dadaïsme rayonne alors en Europe. Mais la dérision et la fougue de Tzara s'opposent dès 1921 à la rigueur et la discipline que Breton entend instaurer dans le surréalisme naissant. Après une série de joutes littéraires et événementielles, Breton publie *Lâchez tout* (c'est-à-dire Dada et Tzara) dans *Littérature* (avril 1922). La rupture est consommée. Tzara poursuit son œuvre poétique à l'écart du surréalisme, qu'il rejoint en 1929, notamment sur le chapitre politique*. Breton, dont les invectives étaient jusque-là volontiers blessantes, a adouci son ton, reconnaissant la poésie de Tzara dans le *Second Manifeste*. L'Homme approximatif* (1931) est sans doute le texte le plus surréaliste de Tzara qui, restant fidèle aux principes de Dada, prône aussi la révolution* indissociable du pouvoir de la poésie (*Essai sur la situation de la poésie*). Après *Personnage d'insomnie* (1934), *Grains et issues* paraît en 1935, année où Tzara s'éloigne du groupe auquel il reproche un manque d'engagement révolutionnaire (communiste). Ces deux ouvrages abritent des rêves* mais aussi la théorie poétique de Tzara. Caché pendant l'Occupation – il est juif et résiste en écrivant –, il regrettera que le surréalisme ait penché du côté de l'ésotérisme plutôt que vers l'action (*Le Surréalisme et l'après-guerre,* 1947). Mais il s'éloigne du communisme après l'agression de l'URSS contre la Hongrie (1956).

Un cadavre

En 1924, Anatole France, écrivain et homme politique, est enterré en héros et l'on décrète le deuil national. Une mort déplorée à la fois par Maurras, la droite ultra, et les communistes. Les surréalistes, qui ont France en horreur, conçoivent pour la première fois un texte collectif, un pamphlet écrit au vitriol : *Un cadavre.* Aragon, Breton, Joseph Delteil, Pierre Drieu La Rochelle, Éluard et Soupault s'attaquent à ce qu'ils considèrent comme l'archétype de l'esprit franchouillard, le paternalisme bon teint et hypocrite qui rassure la société bien-pensante. « Je tiens tout admirateur d'Anatole France pour un être dégradé », écrit Aragon. Cette société, par le biais de la presse, réagit avec indignation contre les accusations portées.
En 1930, Breton fait paraître le *Second Manifeste* où il s'en prend avec virulence aux surréalistes exclus ou partis du

Tristan Tzara, Hans Arp et Max Ernst, 1920.

groupe. Ces derniers se réunissent au café des Deux-Magots. Ils contre-attaquent avec un tract collectif à l'adresse de Breton* et portant le titre de *1924*. Jacques Prévert (*Mort d'un Monsieur*) parle d'un « pion lyrique » et d'un « douillet : pour une coupure de presse il gardait la chambre huit jours ». Jacques Baron le traite de « joli coco » et « d'esthète de basse-cour ». Vitrac* déplore : « Il pratiqua sur une vaste échelle l'escroquerie à l'amitié. » Desnos* évoque les relents du « faisan André Breton », tandis que Ribemont-Dessaignes* estime : « On ne fait pas mieux dans le genre hypocrite. » Leiris*, Georges Limbour et d'autres ajoutent leur note personnelle à cette contribution qui en dit long sur le climat devant régner lors des grandes dissensions entre surréalistes.

Vaché (Jacques)

Dans le premier *Manifeste** (1924), Breton écrit : « Vaché est surréaliste en moi. » Jacques Vaché (1896-1919) hanta en effet Breton et le cœur du surréalisme. Maurice Nadeau parle même de « toute-puissance sur le surréalisme » et poursuit en citant une autre « étoile » du groupe : Arthur Cravan, boxeur et déserteur, personnage extravagant et légendaire, révolté* et iconoclaste, ami de Picabia*. L'œuvre de Vaché, homme atypique et insolent, flamboyant et provocateur, ne se résume pourtant qu'aux *Lettres de guerre,* adressées à Aragon* et Théodore Fraenkel, médecin et ami de Breton. Celui-ci, autre destinataire, les publie après la mort de Vaché. Il l'a rencontré à Nantes en 1916 où ce bouillant et élégant rouquin faisait soigner son mollet blessé. Dans *Nadja,* Breton raconte leurs escapades dans les salles de cinéma*. En juin 1917, ils se retrouvent à la première des *Mamelles de Tirésias* d'Apollinaire, le premier texte « surréaliste » (voir « ancêtres » et p. 7) ; Vaché monte sur scène, revolver au poing : pour lui, Apollinaire ne fait que « rafistoler le romantisme avec des fils télégraphiques ». Il forme en quelque sorte Breton, qui l'écoute, fait assez rare pour être souligné. Breton qui, dans le *Second Manifeste* (1930), écrit d'ailleurs : « L'acte surréaliste le plus simple consiste, revolvers aux poings, à descendre dans la rue et à tirer au hasard, tant qu'on peut, dans la foule. » Le 6 janvier 1919, Vaché est découvert mort en compagnie d'un ami, tous deux victimes d'une sur-

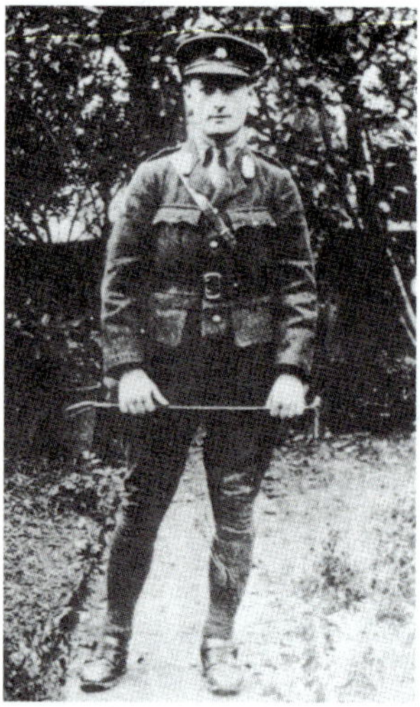

Jacques Vaché.

dose d'opium. Suicide ? On continue de s'interroger. Breton, très affecté, va alimenter la légende de cet esprit inclassable qui, détournant les mots, préférait écrire « umour » plutôt qu'humour. Seule, peut-

X. 29. 4. 17 ... « Donc nous n'aimons ni l'Art ni les artistes (à bas Apollinaire) ET COMME TOGRATH A RAISON D'ASSASSINER LE POÈTE ! Toutefois puisqu'ainsi il est nécessaire de dégager un peu d'acide ou de vieux lyrisme, que ce soit fait saccade vivement – car les locomotives vont vite...
... L'umour ne devrait pas produire — mais qu'y faire ? J'accorde un peu d'umour à LAFCADIO, car il ne lit pas et ne produit qu'en expériences amusantes, comme l'Assassinat – et cela sans lyrisme satanique – mon vieux Baudelaire pourri ! – Il fallait notre air sec un peu ; machinerie – rotatives à huiles puantes – vrombis, vrombis – vrombis – Siffle ! Reverdy – amusant le pohète, et ennuie en proses ; MAX JACOB, mon vieux fumiste – PANTINS – PANTINS – PANTINS voulez-vous des beaux pantins de bois colorié ! ? Deux yeux-flamme-morte et la rondelle de cristal d'un monocle – avec une pieuvre machine-à-écrire – J'aime mieux... »

Jacques Vaché

Lettres de guerre, *1920 (extrait). In* Anthologie de l'humour noir *d'André Breton.*

être, la personnalité et la dimension de Tzara*, fondateur de Dada*, parvint-elle à combler ce vide, du moins provisoirement. Car Vaché a profondément marqué Breton, lui ouvrant la voie d'une poésie totale, sortie des influences de Mallarmé dont il était encore imprégné.

Vitrac (Roger)

Dans le premier *Manifeste* du surréalisme* (1924), Breton inclue Roger Vitrac (1899-1952) parmi ceux qui « ont fait acte de SURREALISME ABSOLU ». Vitrac est surréaliste mais surtout l'un des grands auteurs de théâtre* de sa génération. Né dans le Lot, il effectue à Paris son service militaire au cours duquel il fait la connaissance de Jacques Baron, René Crevel* et Georges Limbour, avec lesquels il fonde la revue* *Aventure* (1921) où paraissent ses premiers textes. Il participe aussi à la manifestation Dada du jardin de l'église Saint-Julien-le-Pauvre (14 avril 1921). Après son adhésion au groupe (1922), il accompagne Breton, Aragon* et Morise lors d'un voyage à l'aventure (mai 1923) qui les conduit en Sologne. Un périple qui prit « un tour initiatique », dira Breton : se laisser bercer par la volonté du hasard. Vitrac collabore aux revues *Littérature* et *La Révolution* surréaliste* et s'oriente de plus en plus vers l'écriture théâtrale. Mais il fréquente « trop » la rue* Blomet et l'amitié qu'il porte à Artaud* se prolonge par la fondation en 1926 du théâtre Alfred-Jarry (1926-1930) où seront jouées ses pièces, dont la première, *Les Mystères de l'amour**. Tous deux sont exclus du groupe. Breton, dans le *Second Manifeste* (1930) traite Vitrac de « véritable souillon des idées ». Vitrac réplique dans le pamphlet contre Breton, *Un* cadavre* (1930). L'insulte ne l'empêche pas de poursuivre son œuvre poétique et théâtrale, les deux s'entremêlant : inscrire le rêve* dans la réalité ; bousculer les esprits par un humour désopilant et rafraîchissant, ou corrosif et noir. Sa pièce la plus célèbre, qu'il a écrite et montée, est *Victor ou les Enfants au pouvoir* (1928), que Anouilh comparait à du Feydeau mâtiné de Strindberg.

INDEX

INDEX

INDEX

BIBLIOGRAPHIE SÉLECTIVE

Michel RANDOM, *Le Grand Jeu,* Paris, Denoël, 1970, deux tomes.
Jacques HÉROLD, *Maltraité de peinture,* Paris, Éditions Georges Fall, 1976.
Patrick WALDBERG, *Les Demeures d'Hypnos,* Paris, Éditions de La Différence, 1976.
Patrick WALDBERG, Michel SANOUILLET, Robert LEBEL, *Dada et Surréalisme,* Paris, Rive Gauche, Productions, 1981.
Dictionnaire général du surréalisme, sous la direction d'Adam BIRO et René PASSERON, Paris, PUF, 1982.
Ado KYROU, *Le Surréalisme au cinéma,* 1963, Paris, Ramsay, coll. Ramsay poche cinéma, 1985.
Le Surréalisme et ses insoumis, « La Nouvelle Revue de Paris » n° 14, Paris, Éditions Du Rocher,1988.
Gilles et Jean-Robert RAGACHE, *La Vie des écrivains et des artistes sous l'Occupation* (1940-1944), Paris, Hachette, 1988.
Archives du surréalisme, Paris, Gallimard, 1988-1995 : tome I, *Bureau de recherches surréalistes* ; tome II, *Vers l'action politique ;* tome III, *Adhérer au parti communiste ?* ; tome IV, *Recherches sur la sexualité ;* tome V, *Les Jeux surréalistes.*
Michel CARASSOU, *René Crevel,* Paris, Fayard, 1989.
Le Primitivisme dans l'art du XXe siècle, sous la direction de William RUBIN, Paris, Flammarion, 1991.
Henri BEHAR et Michel CARASSOU, *Le Surréalisme,* Paris, Livre de poche, Biblio essais, 1992.
Marie-Paule BERRANGER, *Le Surréalisme,* Paris, Hachette éducation, Les fondamentaux, Panorama de la littérature française, 1997.
Maurice NADEAU, *Histoire du surréalisme,* 1964, Paris, Le Seuil, coll. « Points essais » 1991.
Jean-Luc RISPAIL, *Les Surréalistes. Une génération entre le rêve et l'action*, Paris, Gallimard, coll. Découvertes, 1991.
Yvonne DUPLESSIS, *Le Surréalisme,* Paris, PUF, coll. Que sais-je ?, édition corrigée 1995.
Jean-Paul CLÉBERT, *Dictionnaire du surréalisme,* Paris, Le Seuil, 1996.
Jean RISTAT, *Aragon.* « Commencez par me lire ! », Paris, Gallimard, coll. Découvertes, 1997.
André BRETON, *Manifestes du surréalisme,* Jean-Jacques Pauvert, 1979, Paris, Gallimard, Folio essais, 1998.
André BRETON, *Position politique du surréalisme,* Paris, Livre de poche, Biblio essais, 1991.
André BRETON, *Anthologie de l'humour noir*, Paris, Pauvert Département des éditions Fayard, 2000.

Crédits photographiques : AKG Paris : 8, 14-15, 26, 56, 60-61, 63, 88/ S. Domingie 19/ E. Lessing 71 ; Archives Flammarion : 4-5, 17, 25, 48, 50-51, 67, 74, 80, 90, 96, 97, 99, 106 ; Cahiers du Cinéma : 24, 42-43 ; Bibliothèque nationale de France 86 ; Cenrre G. Pompidou : 79/ C. Freire 82/ B. Hatala 49, 81, 83, 109, 110/ K. Ignatiadis 62/ D. Pype 41 ; Centre G. Pompidou/ MNAM/ CCI : 16, 22-23, 36, 39, 54, 72/ André Gomés 28/ Platt Lynes 29 ; CNAC/ MNAM dist Réunion des musées nationaux : C. Bahier et P. Migeat 87/ P. Migeat 94 ; Galerie Patrice Trigano : 78 ; Lauros-Giraudon : 59 ; Pauvert/ éditions Fayard : 114 ; Rue des Archives : 7, 11, 12, 30-31, 33, 35, 37, 40, 44-45, 52, 55, 64, 68, 76, 91, 93, 101, 102-103, 107, 111, 112/ Everett 58/ TAL 65 ; Yale University : 75/ D.R. : 85, 95.

Coordination éditoriale : Sandrine BAILLY et Nathalie BEC
Iconographie : Stéphanie MASTRONICOLA
Lecture et corrections : Gudul Prod
Mise en pages : Gudul Prod
Fabrication : Mélanie LAHAYE
Photogravure: quat'coul

ISBN : 9782080127297
ISSN : 1275-1502
N° d'édition : L01EBUNFA2729A005
Dépot légal : septembre 2001

Imprimé vhez Printer Portuguesa, Portugal, en février 2014

Pages 4-5 : portrait de Louis Aragon.